JN059508

地域コミュニティ支援が拓く
協働型社会

地方から発信する
中間支援の新展開

櫻井常矢 編著
Tsuneya SAKURAI

学芸出版社

はじめに

　本書の出版を構想したのは、東日本大震災（2011年）からの復興事業が契機である。福島第一原発事故被災地である福島県浪江町において、全国各地に分散避難した町民をつなぐ取り組みとして、最大全国10拠点に復興支援員を配置した浪江町復興支援員事業、そして避難先に暮らす町民の声を『浪江のこころ通信』にまとめ、毎月1日に全町民に届け続けた「浪江のこころプロジェクト」である。私はこれらの県外避難者支援事業を統括する立場にあったが、震災直後の混乱の中、これらの取り組みを始めるにあたって真っ先に協力を求めたのが全国各地の中間支援組織であった。突然のメール等での協力のお願いにもかかわらず、全く面識のない私からの依頼を快く受け入れていただき、最も長い団体で11年もの間、歩みをともにしていただいた。これらの事業が幕を閉じる際、この取り組みを記録として何らかのまとめをすべきとの声が多く寄せられた。当初は、浪江町の復興事業だけを出版物としてまとめるつもりであったが、私自身がふり返った時、協力いただいた中間支援組織の存在が極めて貴重であることを強く感じた。同時に、未曾有の大災害がもたらした処方箋のない、答えのない世界を目の前にしながら、被災者、支援ボランティアやNPO、大学、行政等々がともに考え、議論し、悩むなかで、各地の中間支援組織もまた気づき、学び、そして新たな活力を得る姿を間近で感じることができた。

　特定非営利活動促進法（NPO法）施行から25年が経過しようとしているが、1990年代後半の日本において、NPOや中間支援組織のあるべき姿を追求した日本の創始者たちが描いていたものは何か。それが東日本大震災を経た今、どのように活かされたのか。そしてこれからどうあるべきなのか。それらを考えることが、大震災によって様々な経験を得た私たちの役割なのではないかと思い、今回の出版に踏み出すこととなったのである。

　そのため、各地の中間支援組織の協力を得ながら、まずは現場での実践

の検証を行うことを目的に、トヨタ財団のご支援のもと中間支援機能に関する研究会「持続可能な地域社会を実現する中間支援機能の検証と展開」を2023年4月に立ち上げている［研究会の詳細についてはp.195参照］。北海道から沖縄まで全国各地の中間支援組織の参加を得ることができた全5回の研究会では、特に地方都市を拠点に展開している多様な実践が明らかとなっている。研究会での事例報告や率直な意見交換を通じて、中間支援組織の社会的意義をあらためて認識したり、あるいは自らの課題に無自覚であったことに気づいたりするなど、それぞれが実践の意味を時間をかけてふり返る機会の貴重さを実感したのも事実である。

　NPOや中間支援組織の創始者たちが描いた日本の非営利組織を取り巻く環境は、いま様々な課題に直面している。協働型社会の名のもとで展開する指定管理者制度や事業委託等をめぐる行政との関係の中で、むしろ中間支援組織自体が事業請負型となってしまい、NPO間、中間支援組織間の競争と分断が進んでいる、との指摘がすでに多くある。この現実を私たちはどのように捉えれば良いのか。しかしそうした課題にも増して、中間支援組織の機能や社会的役割のなかに、もっと私たちが着目すべき視点があるのではないか。急速な高齢化と人口減少という日本社会の現実を前に各地で奮闘する中間支援組織の実践の中に、協働型社会を再興するヒントはないだろうか。本書は、このような問題関心への答えに迫ろうとするものである。

　本書は全4部で構成されている。Ⅰ部では、日本の中間支援機能の始まりから今日までを辿りながら、特に協働型社会の課題に照らした本書の問題関心を整理している。同時に、各地の中間支援組織が、従来までのNPO・市民活動支援から地域コミュニティの支援へと支援対象を拡大している動向に着目する。Ⅱ部では、本書出版の契機となった東日本大震災の復興事業の道程から中間支援組織が果たした役割を検証している。福島県浪江町の広域分散避難という現実に対して、各地の中間支援組織がネットワークを形成し、一体的に取り組むことができた背景には何があったの

か。その経験から学んだことは何か。関係した各地の中間支援組織のふり返りをふまえつつ明らかにしていく。Ⅲ部は、地方都市を中心に新たに誕生している中間支援機能を各地の事例をもとに整理している。特に2010年以降の実践の中から見えてきた地域円卓会議、まちの支援、当事者意識の醸成、アウトリーチ等々、いくつかの支援手法に的を絞り、その狙いやノウハウの詳細を実践者たち自らが解説する。そしてⅣ部は、こうした一連の中間支援機能の新たな展開がこれからの日本社会にどのような意味を発揮するのかについて検討する。特にⅠ部において課題とした協働型社会の形成にとっての有効性を、従来までのNPO・市民活動支援との違いなどに触れつつ明らかにしていく。

こうした研究会を通じた中間支援機能の検証作業、及び本書の出版にご協力いただいたすべての皆様に心から感謝したい。特に私の拙い問題関心にご理解をいただき、丁寧なご支援を賜りましたトヨタ財団の大野満様、武藤良太様、鷲澤なつみ様には心から御礼を申し上げたい。また、学芸出版社の岩﨑健一郎様、越智和子様にはひとかたならぬサポートをいただいた。私たちの入稿の遅れにもかかわらず、迅速な対応で本書の出版を実現していただきましたことに感謝申し上げます。

本書は、NPO・市民活動団体、中間支援組織の実践者、そして行政関係者はもとより、こうした世界とこれまで無縁だった人びとにも伝えていくことを大切にしたいと考えている。そのため、中間支援組織の当事者たちによる具体的な日々の取り組みをありのままに伝えていただくことを心掛けた。本書が中間支援組織の実践を捉え直す契機となり、日本社会の協働に関する議論を喚起する一助となれば幸いである。私たちがどのようなメッセージを残せたのかの評価は、そこでの議論に託すこととしたい。

2024年2月

櫻井 常矢

目次

I部
協働型社会の形成と中間支援組織

1章

なぜ今、中間支援を議論するのか

櫻井 常矢

1 中間支援機能とは何か

　1990年代後半以降の日本では、特定非営利活動促進法（1998年）の制定を一つの契機としてボランティア団体や草の根の市民活動団体に法人格が付与されるなど、市民公益活動が市民社会を支える担い手として制度的、実践的に動き始める。「公益再定義の時代」と言われた当時、専ら行政が担う公益から、市民もまた主体的にそれを担う新しいセクターの登場が徐々に社会的認知となって広がっていく。それとともに、これらを支える様々な制度や活動環境等の基盤整備、あるいは人材、情報等の資源をつなぎながらNPOを力付けする社会的機能が求められた。これを担う役割として日本に登場してきたのが中間支援組織である。それから25年以上の歳月が経過した今、中間支援組織は私たちの社会にとってどのような存在となりつつあるのか。

　中間支援というキーワードは、NPOの実践者だけでなく、近年は行政や企業、そして研究者の間でも多用され、あるいはまた分野を問わず多くの場面で使用されている。そのため中間支援という単語は知っていても、その意味や機能に関する共通認識は決して充分なものとは言えず、使う者によって変化する多義的な概念となりつつある。地域や団体間のコーディ

ネート役を果たすだけで「中間支援」と言われたり、行政からの補助金を単位自治会に分配するだけの広域型のコミュニティ組織を「中間支援」と言ってみたり、果たしてそれが本当に中間支援と言えるのか疑問に感じることさえある。そもそも何をもって中間支援と言えるのか。支援を求めてきた個人や団体に直接手を差し伸べることと中間支援とは異なるのか（同じなのか）。「中間」とは、何と何の中間なのか。そして肝心の協働型社会とは、どの程度実現できたのか（できていないのか）。新しい市民社会の構築や協働型社会の要として期待された中間支援とは、ややもすれば当事者たちだけのマニアックな議論に閉ざされてはいないだろうか。NPOや中間支援組織の創始者たちから何を引き継ぎ、そもそも今、何が課題なのか。そのような中間支援機能の検証に関わる議論や今後への展望が見当たらない。

　一方で筆者は、高齢化や人口減少という日本社会にとって不可避の課題を前に、中間支援組織をめぐる新たな動きに関心を寄せている。特に従来型のNPO・市民活動を支援対象とした取り組みだけでなく、多様な地域課題を抱えながら担い手不足等に直面する地域コミュニティを対象とした実践の広がりである。そしてこのことをより明らかにしたのが、東日本大震災（2011年）である。未曽有の大災害からの復旧・復興をめぐるこの経験は、行政、企業、NPO、大学など、それぞれの役割を大きく捉え直す契機を与えた。そして中間支援組織もまた例外ではない。主な支援対象であったNPOはもちろんのこと、被災者の生活再建、生業やコミュニティの再生など、地域の経済、教育、環境、文化など各種のテーマに関わる多様な関係主体と向き合うことで、新たな関係性の構築や支援の方法など自らの役割を発見し、その存在意義を再確認したはずである。

　同時に、東日本大震災などの災害に加え、高齢化と人口減少をめぐる諸課題を最もリアルに実感し、日々その解決に向けた試行錯誤を重ねているはずの地方都市の動向に注目したい。困難な地域課題や人びとの苦悩に向き合うからこそ、そこでは様々な知恵と工夫が生み出されているはずであ

る。本書では、日本の中間支援機能のこれまでの蓄積や課題をふり返りつつ、近年各地に誕生してきている中間支援組織（以下、支援組織）の新たな動向とその意義について、特に地方都市の取り組みから明らかにしていく。

2 "中間支援" 概念のジレンマ

NPOの黎明期における中間支援とは、特定非営利活動促進法の「特定非営利活動」の要件として掲げられる20の活動のうち、19番目にある「前各号に掲げる活動を行う団体の運営又は活動に関する連絡、助言又は援助の活動」を指していた。そのため「NPOを支援するNPO」、あるいは専門分野に特化した団体を支援する組織と区別して総合型中間支援組織などと称される[註1]。

次章でも取り上げるが、機能面からみると支援組織には、①インフラストラクチャーオーガニゼーション（基盤整備組織：Infrastructure Organization）、②「資金仲介」がその語源であるインターミディアリー（資源仲介組織：Intermediary Organization）、③マネジメントサポートオーガニゼーション（経営支援組織：Management Support Organization）という三つの機能があるとされる。これらの機能については、後述する日本NPOセンターの設立（1996年）を前にした二度の訪米調査等を通じて国内に紹介されており[註2]、日本ではこれらの機能を有した組織を中間支援組織としている。ただし、例えば日本NPOセンターはその設立趣旨において、自らを「民間非営利セクターに関わるインフラストラクチャー・オーガニゼーション」であるとして基盤整備機能を主たる役割として志向しているなど、支援組織の目的によって三つの機能のいずれかを重点化する場合もある。現在、そのような支援組織は全国で127団体、市民活動支援センターなどの名称で行政等が設置している中間支援施設は363ヵ所あるとされる[註3]。ここで中間支援組織が日本各地に定着してきた経過に注目したい。

そこには、創始者たちの苦悩が見え隠れする。

このことについて、民間の支援組織として、さらに公設の中間支援施設の運営主体として日本の先駆け的存在となったNPO法人せんだい・みやぎNPOセンター（以下、せ・みセンター）を例に考えてみる。せ・みセンターは、仙台市を拠点に民間の中間支援組織として1997年11月に設立され、1999年6月には公設の仙台市市民活動サポートセンター（以下、仙台サポセン）の運営を委託されている。せ・みセンター設立から1年後、代表理事（当時）の故・加藤哲夫氏は自らの団体を「中間支援／基盤整備組織」と述べている[註4]。当時のセンター事業としては、アドボカシー（政策提言）機能やシンクタンク機能が強調されており、市民活動団体への支援機能としてはまだ手探りの段階であったと思われる。過去の記録を辿ると、これが設立から5年目を迎えた2002年頃からようやく中間支援組織と自らを称するように変化している[註5]。その理由としてあげられるのが、せ・みセンターによる「サポート資源提供システム」の開発である[図表1・1参照]。NPOには、第一の顧客（プライマリーカスタマー）と第二の顧客＝NPOの活動を支える支援者（サポーティングカスタマー）の二つの顧客がある

図表1・1　サポート資源提供システム（註5等を参考に筆者作成）

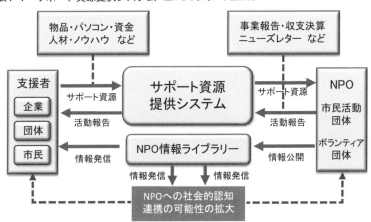

とされる。しかし現実のNPO活動では第一の顧客は重視できても、支援者（第二の顧客）の確保までには手がまわらないのが実情である。そこで支援組織が支援者を集め、NPOに様々な経営資源（物品、資金、人材、ノウハウなど）を提供する後方支援の仕組みがサポート資源提供システムである。このシステムは当時、宮城県内40数社の企業・団体によって2000年5月に結成したプロジェクトが2年間をかけて開発したものである（研究会15回、ワーキンググループ会合68回、セミナー・シンポジウム10回）。こうして仲介機能としてのサポート資源提供システムが構築されたわけだが、これを加藤氏は中間支援システムと呼んでいる[註6]。米国をモデルとした資源仲介機能（インターミディアリー）とは主に資金循環の仕組みを指すが、それだけに限定されない独自の仲介機能＝中間支援システムへの試行錯誤が理解できる。

　加藤氏が中間支援組織という言葉を慎重に導入したのは、支援対象となるNPOから支援組織に対する信頼をいかに獲得するかという、もう一つの背景があったと思われる。同氏は当時、支援組織が行政とNPOの「中間」と捉えられることで、行政からの財政支援を再配分する側に見られたり、NPO団体を"統括する"主体と見られたりすることなどを危惧して、中間支援組織という言葉を安易に使わないようにと当時のスタッフたちに促していたとされる[註7]。仙台サポセンの管理運営を受託した際にも、各地の行政系支援センターの多くが受託団体の事務所にもなっている状況に対して、せ・みセンターの事務所は自前で別の場所にあることや、行政からの委託が「（支援組織への）支援ではない」ことを様々な場面で強調している[註8]。言わば"中間への誤解"を解く姿が、当時の資料から窺えるのである。中間支援とは、既成の概念として厳然と存在していたのではなく、加藤氏を含む実践者たちによる創造的な概念としての性格を持ち合わせていたことが、地方都市仙台の歩みから確かめることができるのである。

3 ニーズとのギャップ —中間支援組織の課題—

　では、実際の中間支援機能は、支援対象となる団体等に対してどのような影響を与えているのか。自立した経営や課題解決を目指す団体にとっての有意な支援がどのように行われているのかである。これについて、東日本大震災の被災地で活動する中間支援組織16団体で構成される広域ネットワークであるNPOサポートリンクの調査結果に注目したい[註9]。

　まず、「中間支援組織からの助言や指導が団体にとってどのような効果があったのか」の問いに対して、評価の高い上位から「有用な情報の入手ができた」68、「自身の活動の意義を再認識した」59、「活動地域におけるネットワークが広がった」57、「法人の基盤強化につながった」36と続いている。逆に下位からみると「連携相手とのマッチングにより新しい事業が創出できた」13、「連携相手とのマッチングにより既存事業の改善ができた」15、「新しい事業の創出ができた」15、「新しい事業の創出につながった」15、「法人の資金調達能力が向上した」16となっている。つまり、「ネットワークの広がり」や「有用な情報の入手」はできたものの、「新規事業の創出」や「既存事業の改善」等への評価が低い実態が見えてくる。中間支援機能による事業の見直しや変化、あるいは資金調達能力等の経営改善への効果などが課題として浮かび上がってくる。

　さらに最前線で課題解決に取り組むNPOの認識にも興味深いデータがある。「A：団体が解決を目指して取り組んでいる地域課題」について、上位から「子ども・子育てへの支援」34、「多世代間交流支援」32が優先順位の高いものとされるが、「B：団体が活動している地域が現在抱えている課題」を問うと、上記の二つは下位に下がり、上位は「若年者の減少、担い手不足」54、「地域の担い手を育てる仕組みが整備されていない」46となる。つまりAとBとの間には一定のギャップがあり、団体活動と地域のニーズとの乖離が見えてくる。これには、自治体からの財源の偏在も理由として考えられるが、「地域の課題解決への意識よりも自組織のリソー

スの確保が優先されている」との指摘もある[註10]。NPOは本来、地域のニーズに寄り添いながら必要なサービスを開発・提供するはずが（マーケットイン）、財源などの資源が獲得しやすいサービスが優先されている可能性が否定できない（プロダクトアウト）。ちなみに被災地においても、普段の暮らしにおいても大きな課題となりつつある「ひきこもり（若年層・中高年）」については、AとBのいずれの問いに対しても極端に低い状況がある。こうしたNPOによる地域課題の捉え方をめぐる状況は、NPO活動をサポートしている中間支援組織の課題としても浮かび上がってくる。

　このニーズをめぐるギャップについては、サービスの提供者側である中間支援組織と受益者側であるNPOとの間にも実は類似した指摘が過去にあった。2002年に第一総合研究所が実施した調査では、支援組織側は提供していると認識しているサービスであっても、NPO側の認識はそれほど高くないものがあり、特に「組織マネジメント能力向上支援」「ネットワーキング」「人材教育支援」などで顕著であった[註11]。時代状況が異なるため項目に違いはあるものの、支援組織側とNPO側、そして地域社会側との認識のギャップが今もなおあることを率直に受け止める必要がある。各主体間に認識の違いがあるということは、地域社会や周囲との対話のないままに当初から決めていた、あるいは自らが（勝手に）認識していた課題をそのまま地域社会の課題と見做していることを意味する。それらは本当に地域社会にとっての課題なのか。問題となるのは、何が課題なのかをともに調べたり、議論したりする場が希薄なことである。

4　形骸化する「プロセスとしての協働」

　1990年代後半以降の日本では、NPOの登場とともに、地方自治体において市民と行政との協働が中心的な政策課題の一つとなって各地に展開してきている。全国に先駆けてこのモデルとなったのが、「横浜市における市民活動との協働に関する基本方針（横浜コード）」（1999年3月）である。

これまで多くの自治体が、横浜コードをモデルとして協働をめぐる制度づくりを進めてきた経過がある。横浜コードでは、市民活動と行政との「協働の原則」として、対等、自主性尊重、自立化、相互理解、目的共有、公開の6項目、またこれに基づく具体的な「協働の方法」として、補助・助成、共催、委託、公の財産の使用、後援の5項目等が示され、公共的課題の解決に向けて市民活動と行政が協働関係を築く上での基本的な事項が定められている。同市は、翌2000年に市民活動推進条例を制定し、市民活動支援センターの開設や市民活動共同オフィスを設置し、市民活動の支援策もスタートさせるなど、制度的かつ体系的に協働施策が進められたことになる。2004年には、「横浜コードの理念などを十分に実践にいかしきれなかった」点も否めないとして、新たに「協働推進の基本指針」を定め、市民協働推進事業本部を設置し、庁内連携のもと具体的な推進施策に取り組もうとするなどその強化を図っている[註12]。現在の基本指針は2012年に見直しがなされ、さらに同年6月には横浜市市民協働条例の制定に至っている。

　繰り返しになるが、2000年以降、各地の自治体では横浜市のように（あるいは同市を模範とした）条例、指針、計画等による協働の制度化が進められた。同時に、協働施策の一環としての市民活動の促進策や後述する中間支援施設の整備等もまた一定の進展をみている。行政の推進体制としてもまた、協働や市民活動支援を担当する専門部署が設置され、その他の各課には協働担当職員等を任命配置したり、協働事業を促したりするなど全庁を巻き込んだ体制が整えられてきている。しかし、その後の日本において協働は実質的に進展したのかどうか。いま私たちはこのことを率直にふり返るべきである。

　協働とは、あくまでも地域的・社会的課題の解決に向けた手段である。その意味で、地域課題の発見や気づき、主体間の役割分担を含む話し合い、課題解決に向けた実践、そしてそこに至る取り組みへのふり返り（評価）など一連のプロセスをともに歩むことが重要となる。横浜市の「協働推進の基本指針」においても、「取組を進めるプロセスでは、事業を実施する

主体同士が、横浜コードの『協働の原則』にのっとって、協働の必要性や事業目的、役割分担などを対等な立場でよく話し合い、合意を得て進めることが大切」としてその重要性を述べている。しかし、例えば地域課題の発見や共有をめぐる関係などは、現実には協働というよりも一方向的な関係と言わざるを得ない状況がある。つまり、あらかじめ行政が決めた地域課題をNPOに委託したり、逆に協働提案型事業としてNPOから提案された課題がそのまま協働事業として採択されてしまうなどの形態である。どちらの場合にも共通しているのは、提示された課題を解決すること、すなわち事業活動をすることが目的化してしまうことに気づく。そこには、ともに地域社会に潜在化している課題を発掘したり、縦割り行政では捉えきれない分野横断型の課題の構造を議論したり、共有したりするフェーズが消えていることに私たちは自覚的であるべきである。

　こうした協働のプロセスが空洞化した背景にはいくつかの要因が考えられる。一つは、2000年代のNPO界における「運動から事業へ」という機運の高まりに求めることができる。1970年代の日本では、公害問題をはじめとする様々な地域課題が深刻化する中で、その解決に向けた取り組みや行政、企業等に対する異議申し立て型の市民運動が各地で高まりを見せる。子育て支援など特定の地域課題への問題関心を原動力とした市民参加のもと、テーマ型の市民活動やそのネットワーク化もまた広がっていく。他方、1990年代後半以降のNPO機運の高まりとともに、組織としての自立的経営に関心が寄せられる。すなわち経営基盤の脆弱なそれまでの任意団体からNPOという組織・法人としての側面が意識され、事業を通じて社会的課題を解決する考え方が広がることで、会費や寄附等の自主財源に加え、助成金、事業委託等を通じた事業体としての存立を過度に指向するNPOが増えたことが指摘できる。しかし、「事業を通じた課題解決」とはNPOだけに限った機能なのではなく、例えば企業でもまた可能なことである。こうした事業性の強調だけでは、NPOの独自性の発揮には直接は結び付かない。あえてNPOに固有の役割を求めるとすれば、それはたっ

た一人の困りごとを地域の課題へと結び付けたり、多くの市民を巻き込みながら地域的・社会的課題を共有化したりする、いわば社会問題化することと捉えたい。しかし現実の日本のNPOは、事業の受託や助成金の獲得を通じた事業性を強調するあまり、地域課題の発掘と共有という時間をかけたプロセスが希薄になり、運動体としてのNPO固有の役割が形骸化してしまったと言える。

　協働のプロセスの空洞化からは、行政の課題も見えてくる。先述したNPOの制度化によって、地方自治体に協働を所管する部署が整備されるが、これにより縦割り行政の一部が担当するものという狭隘な協働への理解が行政内部に広がったことが指摘できる。協働担当課の設置にもかかわらず、協働への全庁的な対応の鈍さが顕著となった自治体が少なくない。このことを背景に、各自治体では協働マニュアルの策定等を通じて行政内部の推進体制を協働担当課が促すことになったものの、それほど改善されることはなく、むしろ地域課題に直接かかわる原課が協働とは縁遠いものとの誤解さえ現れることにもなってしまう。「協働の方法」の一つとされた委託についても、NPO等に委託すること自体が協働であるとの理解が広がり、そこに至るまでの協議等のプロセスは空洞化してしまったのではないか。そもそも行政から民間へ一方向的に業務を委ねる委託そのものを協働とは言えないはずである[註13]。これに指定管理者制度も加わることで、NPO側もまた受託そのものが目的化し、むしろNPO間の連帯どころか事業獲得をめぐる競争から分断へと結び付いていく。行政からの委託事業や指定管理者への指定を、「それまで無縁だった行政への『食い込み』『内部から変えていく好機』として、特に黎明期のNPOが捉えていた」にもかかわらず[註14]、先述した事業性への志向がNPO側の無頓着さを招き、協働の実践は次第に形骸化していくこととなる。

　横浜コード以降、協働の制度化が全国に広がったわけだが、制度化されることによって（手段としての）協働自体が目的化してしまうという事態を招いたと言える。本来は、協働の意味や制度も、中間支援施設の運営や

機能も、各自治体がそれぞれの地域事情に照らし、市民参加のもとで独自に構築すべき創造的なもののはずである。しかし実態としては、創造というより模倣であり、制度化自体が達成目標となってしまった。協働の制度化が協働を後退させるという矛盾が、各地に蔓延したとも言えよう。

　こうした状況をふまえ、今後どのような取り組みが求められるのだろうか。再び自治体における協働の制度化をより精密かつ厳格に整備することだとすれば、おそらく20年前の日本に戻るだけの空疎な作業になってしまうかもしれない。まず必要なことは、NPO・市民活動固有の役割をふまえつつ、行政や企業との協働とは何かを問い直すことである。それは、すなわち多様な地域課題、社会的課題がより深刻さを増しながら拡大している中で、事業活動に至るまでの道筋を時間をかけて丁寧にともに歩むことである。より正確に言えば、まずは地域課題の発掘と共有、そのための話し合い等が求められると言えるが、本書の最大の関心は、こうした協働のプロセスに対して中間支援組織がどのような役割を果たしているのかである。

註

1　その他の分類として、寄附や助成の資源仲介に取り組む特定非営利活動法人市民社会創造ファンドや、NPOの法人制度、優遇税制等の基盤整備を目的とした認定特定非営利活動法人シーズのように特定の専門分野に取り組む「専門分野特化型」、あるいは全国移動サービスネットワークや全国食支援活動協力会などの「領域（活動分野）特化型」など、目的や支援対象によって分類が可能である。本書では、一部これらの機能を含みながらNPO・市民活動を総合的に支援する「総合型」を中心に取り上げる。なお、この類型は中島智人「英国の中間支援組織」（公財）公益法人協会編『英国チャリティ』弘文堂、2015年、194頁を参考にしている。

2　日本NPOセンター『日本NPOセンター設立に関わる訪米調査報告書』1997年等参照。

3　特定非営利活動法人日本NPOセンター『NPO支援センター実態調査2022』によれば、回答のあった中間支援施設127ヵ所のうち、設置主体が行政設置121、社会福祉協議会等の民間設置6、運営方式として公設公営25、公設民営71、協働運営31、そして公設民営と協働運営の財源として指定管理料50、業務委託41、補助金2等となっている。

4　せんだい・みやぎＮＰＯセンター『この１年の活動から見えるもの』（1998年12月25日発行）、42頁参照。

5　特定非営利活動法人せんだい・みやぎNPOセンター設立５周年記念誌『せんだい・みやぎNPOセンターの仕事』（2002年11月1日発行）、第1章参照。

6　同上書、40頁。

7　せんだい・みやぎNPOセンタースタッフ（当時）の高田篤氏（東北圏地域づくりコンソーシアム事務局長）へのインタビュー（2023年8月1日）をもとにしている。

8　前掲註5、26頁。

9　NPOサポートリンク「NPOの活動と課題・NPOが感じる地域の課題に関する調査」。調査期間は2022年4月20日〜5月31日、調査方法はWEBフォームによる回答であり、133団体（NPO法人117、一般社団法人12、その他4）から回答を得ている。

10　NPOサポートリンク「≪報告≫とうほくNPOフォーラムin仙台2022 オープニングセッション」（2023年3月29日開催）発言より抜粋。

11　株式会社第一総合研究所『中間支援組織の現状と課題に関する調査報告書（2001年度内閣府委託調査）』2002年、27-29頁参照。

12　この指針において協働とは、「公共的サービスを担う異なる主体が、地域課題や社会的な課題を解決するために、相乗効果をあげながら、新たな仕組みや事業を創りだしたり、取り組むこと」と定義されている。横浜市『協働推進の基本指針』2012年10月参照。

13　こうした指定管理者制度や業務委託の性格や課題をふまえ、横浜市の市民協働条例（第12条）では協働契約という新たな方式を導入し差別化している。

14　田尻佳史氏（日本NPOセンター常務理事）へのインタビュー（2023年5月29日）をもとにしている。

2章

日本の中間支援機能とその課題
― 2010年までを中心に ―

田尻 佳史

1 日本の中間支援機能の誕生の経緯

　制度・政策によらず市民や民間組織が自発的・主体的に社会課題の解決に取り組んだ歴史は長い。それらを一つひとつ追うことは難しいが、第二次世界大戦後の民主化を背景にした民間の取り組みに対しての支援から紐解くこととしたい。

誕生の歴史① ― 戦後の公私分離の原則による施策の誕生 ―

　戦後、GHQ（連合国軍最高司令官総司令部）により日本の民主化が進められる中、慈善・教育・博愛事業等を行う民間事業者に対して、自主性確保のために公権力が不当に介入・干渉、資金拠出することを戒めるという「公私分離の原則」が憲法89条として定められる。これにより民間の慈善活動等を支える仕組みとして、1951年の社会福祉事業法公布と同時に「中央社会福祉協議会（現：全国社会福祉協議会）」「共同募金会」が設立された。戦後から民間活動を支援する機能を持つ現存組織としては、この2団体が最も古いが、1948年には2年半という限られた時間であったが、日本で最初のボランティアセンターといわれる「社会事業ボランティーア協会」が大阪に設立され、ボランティア啓発がなされた歴史がある。

その後、1965年に「ボランティア協会大阪ビューロー（現：大阪ボランティア協会）が設立され、以降10年ほどの間に、分野を限定しない民間のボランティア推進機関が各地に設立される。これらの組織は、各種ボランティアの啓発に留まらず、ボランティアサークル・グループなどを含む市民活動団体への支援も実施しており、現在の市民活動の支援機能を備えていったと言える。

　1980年代には、自然保護を進める「ナショナル・トラストを進める全国の会（1983年）（現：日本ナショナル・トラスト協会）」、まちづくりを進める「奈良まちづくりセンター（1983年）」、国際協力団体支援のための「NGO活動推進センター（1987年）（現：国際協力NGOセンター／通称：JANIC）」など、活動分野ごとに支援機能を持つ組織が各地で多数設立された。

　また同時期には、企業によって文化振興助成、研究助成、奨学助成等を目的とする助成財団が多数設立され、市民活動を資金的に支援する機能が広がった時期と言える。そんな中1985年には、日本の助成財団の全体像を把握し情報提供することを目的として「助成財団資料センター（現：助成財団センター）」が設立され、広く助成情報が社会に公開されるようになった。

誕生の歴史② — 研究や施策をきっかけとした誕生 —

　1980年代には、各省庁等の政府機関によりボランティアに関する調査や社会活動に関する調査などが広く実施される。一方、1990年の前後には、市民活動に関する民間の研究ネットワークが多数立ち上がり、日本のNPOの拡大に大きな役割を果たす［図表2・1］。

　そのような中1993年には、NPO・ボランティア活動などの研究を行うシンクタンクである株式会社第一総合研究所がNPO推進フォーラム（現：NPOサポートセンター）として、NPO支援機能を主として打ち出す日本で最初の組織を表明して設立された。その後、総合研究開発機構（NIRA）

図表2・1　民間の研究ネットワーク等

1983年	「奈良まちづくりセンター」設立
1985年	「ネットワーキング研究会（現：日本ネットワーカーズ会議）」設立
1992年	「国際NPO/NGO学会」設立
1993年	「NPO研究フォーラム（後：日本NPO学会設立母体）」設立
1993年	「NPO推進フォーラム（現：NPOサポートセンター）」設立
1994年	「市民活動を支える制度を考える会 （後、シーズ＝市民活動を支える制度をつくる会）」設立
1994年	「『広がれボランティアの輪』連絡会議」設立
1994年	「総合研究開発機構（NIRA）」 　　※『市民公益活動基盤整備に関する調査研究報告書』刊
1995年	「日本福祉教育・ボランティア学習学会」設立
1996年	「市民活動地域支援システム研究会」設立
1997年	「NPO政策研究所」設立
1998年	「日本ボランティア学会」設立
1998年	「国際ボランティア学会」設立
1998年	「日本NPO学会」設立

参照：大阪ボランティア協会ボランタリズム研究所監修『日本のボランティア・NPO／市民活動年表　増補改訂版』2022年発行

　の委託研究として奈良まちづくりセンターが実施した調査研究『市民公益活動基盤整備に関する調査研究報告書』の作成プロセスにおいて、市民活動をはじめとするNPOへの支援機能を持つ組織の必要性が議論された。その主題は、市民活動団体の活動環境のあり方、活動資金や人材のあり方、活動を後押しする法人格を初めとする制度整備などである。

　特に制度整備については、図表2・1で紹介しているような民間の研究ネットワークにおいても検討が重ねられ、数々の勉強会やシンポジウムが各地で開催された。そんな折の1995年、阪神・淡路大震災が発災。ボランティアをはじめ市民活動団体等による救援・復興活動が活発になされ、ボランティア元年とも言われた。それを背景に、政府は1995年2月に「ボランティア問題に関する関係省庁連絡会議」を発足させ、ボランティア支援法案の立法作業を進めるが、民間サイドからは政府による立法は、市民（民

間）の自由な活動等を制限する可能性があるという懸念により、民意が反映されやすい議員立法による立法を行うことを連立与党に認めさせる。ここから「シーズ＝市民活動を支える制度をつくる会」をはじめとする民間団体により、本格的な制度整備に向けた取り組みが始まった。

　これらの経緯をふまえ、1996年4月には神奈川県直営施設として「かながわ県民活動サポートセンター」が、同年11月には民間設置組織の「大阪NPOセンター」「日本NPOセンター」が続いて設立された。

他セクターによる市民活動支援の拡大

　一方、他セクターにおいても新たな取り組みが進められた。1985年のプラザ合意[註1]以降、急激な円高とともに日本企業の海外進出が急に進み、その結果として米国等で日本企業へのバッシングが広がった。1989年に経済団体連合会（経団連：現在の日本経済団体連合会［日本経団連]）は国際シンポジウム「米国地域社会におけるよき企業市民の条件」を開催し、それを契機に「経団連1％（ワンパーセント）クラブ」ならびに「企業の社会貢献活動（フィランソロピー）推進委員会（現：社会貢献推進委員会）」を設置。企業の社会貢献活動の推進を行うとともに、市民活動（NPO）と連携した取り組みを積極的に進めてきた。本業を活用した支援、資金支援、社員のボランティア参加、社員によるノウハウ支援、協働事業の開発など、その内容は多岐にわたり市民活動の取り組みには欠かせないものへと成長した。

　一方、国及び地方自治体は、長い歴史の中で市民及び民間は支援する対象であり、協働・連携する対象として捉えることに躊躇があり、なかなか一歩を踏み出せない状態が散見された。しかし、地域課題の多様化と複雑化、個別化等に対応するには、地方自治体単体での努力や地方自治体設置の外郭団体などのみが対応することに限界が生じ、市民参加・住民参加の合言葉をベースに市民活動団体と連携した取り組みが徐々に進みはじめた。その後、地方分権の推進とあいまって、地域課題の解決のための新たな受

け皿として市民活動団体を捉え、その育成及び様々な支援策を展開してきた。その顕著な例として、2011年に民主党政権下で実施された「新しい公共支援事業」がある[註2]。本事業は、政府が資金を拠出して都道府県に時限的基金を設置し、それを活用して市民活動を地域に根付かせようとする事業である。この取り組みが、偶然、同年に発災した東日本大震災における民間の支援活動の量・質にも、官民連携の取り組み拡大にも大きく貢献したのは間違いがないと考える。

地域の支援機能 ― 地域における市民活動サポートの取り組み ―

　1996年に設立された日本NPOセンターは、設立にあたり米国の非営利組織であるIS（Independent　Sector）をモデルとし[註3]、NPOの情報センター機能を主目的に立ち上げる予定であった。しかし、阪神・淡路大震災発災の経験、設立準備のために行った各地での意見交換を通して、市民活動団体の活動基盤の整備が優先事項であるとの結論から、インフラストラクチャー組織の機能を充実させた組織として活動することとした。

　一方、同時期に設立された「大阪NPOセンター」や翌1997年設立の「ひろしまNPOセンター（広島）」「せんだい・みやぎNPOセンター（宮城）」「市民フォーラム21・NPOセンター（愛知）」などの、都道府県域をベースに設立された支援組織は、NPOの啓発に加え、市民活動団体を対象とした設立、運営、連携等についての学習事業を提供し、個別相談に対応するローカルマネジメントサポート組織としてスタートした［図表2・2］。

２ 中間支援の概念と機能

　さて、その中間支援組織であるが、前述の通り1990年前後に民間の研究ネットワークによりNPOに関する調査や研究が進められたが、その際に米国の先行事例が多数紹介された。①インターミディアリー組織（Intermediary Organization）、②インフラストラクチャー組織（Infrastructure

図表2・2　民間NPO支援組織（1993～2000年）

1993年9月	NPO推進フォーラム（現：NPOサポートセンター）設立
1994年11月5日	シーズ＝市民活動を支える制度をつくる会結成
1996年4月20日	かながわ県民活動サポートセンター設置
1996年10月1日	コミュニティ・サポートセンター神戸設立
1996年11月21日	大阪NPOセンター設立
1996年11月22日	日本NPOセンター設立
1997年5月	NPO政策研究所設立
1997年9月17日	ひろしまNPOセンター設立
1997年11月1日	せんだい・みやぎNPOセンター設立
1997年11月23日	市民フォーラム21・NPOセンター設立
	※1998年3月25日　特定非営利活動促進法公布　（12月1日施行）
1998年4月1日	東京ボランティア・市民活動センター設立（改組）
1998年4月1日	宝塚NPOセンター設立
1998年7月17日	パートナーシップ・サポートセンター設立（18年解散）
1998年7月19日	きょうとNPOセンター設立
1998年11月20日	NPO事業サポートセンター設立
1999年6月30日	仙台市市民活動サポートセンター設置
1999年7月12日	しみん基金・ＫＯＢＥ設立
	※1999年8月5日　NPO議員連盟　発足
1999年10月3日	さいたまNPOセンター設立
2000年1月22日	パブリックリソースセンター（現：パブリックリソース財団）設立
2000年6月	コミュニティビジネスサポートセンター設立
2000年8月1日	ジャパン・プラットフォーム設立

参照：大阪ボランティア協会ボランタリズム研究所監修（2022年発行）『日本のボランティア・NPO／市民活動年表　増補改訂版』

Organization）、③マネジメント支援組織（Management Support Organization）の３分類として市民活動支援組織（以下、支援組織）が紹介される。後にこのインターミディアリー組織が「中間支援組織」と訳され、国内では総称として広く使われるようになった。なお、米国ではインターミディアリー組織は主に資金仲介を行う組織を指す。言葉に囚われる必要はないが、地域の支援組織の実態から見るとマネジメント支援機能及びインフラストラクチャー機能の方に重点が置かれており、かつ"中間"というよ

り"仲介"と表現する方が適切だと考える。なお、前述の「新しい公共支援事業」により、資金（資源）の地域循環の仕組みを整え、インターミディアリー機能を備えた支援組織も増加し始めている。

　このように時間の経過とともに変化してきている。そんな中間支援組織の現状を語る前に[註4]、活動分野や特定のテーマに限定しない支援組織について、今一度整理しておきたい。

支援施設の設置・運営形態別の分類

　1990年代半ばに、分野を限定しない市民活動支援機能を備えた組織が設立されるようになったが、民間主体の支援機能を備えた組織による設立と、都道府県及び市町村が主となり設置した支援機能を持つ施設が、明確に区別がされないままに各地に広がったため、その機能と施設が同時に語られ混乱したままであるのが現状である。そこで市民活動支援機能を整理するに先立ち、まずは施設の設置主体、運営主体を整理することから始めたい。

①公設公営型（官設官営）

　都道府県及び市町村が条例等を整備して設置し、運営オペレーションも直営で行う。施設や設備・備品等の利用が充実しており、一部では施設利用者会議などを設置して市民の意見を反映した取り組みを実施している。

②公設民営型（官設民営）

　都道府県及び市町村が条例等を整備して設置し、施設や設備・備品等の利用をベースに、運営オペレーションに民意を反映することを目的に民間組織への委託もしくは指定管理者制度を活用している。運営方法や事業内容は契約書や仕様書により取り決めを行って実施している。

③民設民営型

　単独及び複数の組織が主体となり、民間組織により設置して事業及び運営オペレーションも行う。上記①②のような施設や設備などを利用することを目的とせずソフト面の事業が主である。

上記の通り、公設民営型の出現により、設置・運営主体である「組織」を示す表現と「施設」を示す表現が整理されずに語られることが多く注意が必要である。

　それぞれ地域の状況に即した設置・運営の形態で「施設」設置が広がったが、①②については、時間経過とともに運営経費の課題、事業内容の固定化、利用者の多様化、施設スタッフの未定着など、様々な課題が出てきている。③もまた同様の課題を抱えるものの、市民利用「施設」としてではなく「組織」としての課題のため、新規事業の開発、支援者拡大など、民間組織らしい臨機な対応により解決することが可能と言える。

マネジメント支援機能

　次に設置・運営形態の違いにより取り組みに違いがあるが、マネジメント支援機能について代表的な機能を紹介する。

①情報発信・提供の機能

　個々の市民活動を支える側面的な情報をはじめ、他の事例や具体的なノウハウなど、活動発展・組織の持続に必要な情報を抽出・整理して発信する機能である。発信手法は、ニュースレター等の印刷物、Webサイトや電子メール、SNSなど多様な方法が取られているが、近年は環境保護の配慮やコスト削減の観点からICT活用による情報提供が主になりつつある。

②相談対応とコンサルティング機能

　市民活動団体から寄せられる組織経営や運営などのマネジメント全般に関する相談に対応する機能である。法人設立に関する相談、組織の経営・運営・経理・労務などに関する相談、行政手続に関する相談に加え、一般市民からの問合せ対応に至るまでその内容は多岐にわたる。対応方法も、電話、対面、SNS、メールなど様々な手法がとられている。

　また、他のセクターからの連携等による相談も増加しており、他団体や他事業につなぐきっかけや新規事業の開発につながることも多い大切な機能である。

③交流・学習の機能

　大きく分けて二つの柱により企画される。一つは市民活動団体を対象に、相談対応で得たニーズへの対応方法などを専門的な学びの機会として提供するもの。もう一つは市民や他セクターに向けた啓発や参加、連携を促す機会の提供である。これらの交流・学習の機能は、市民活動団体の力量形成の支援のみが目的ではなく、社会課題の解決手法を社会に定着させて、発展するための環境整備が大きな目的となっている。

インフラストラクチャー機能

①場の提供とインキュベート機能

　小規模団体向けのインフラ整備として、会議室や作業スペースなどを持たない団体に対して提供を行う施設が多い。加えて団体独自の事務スペースを一定期間提供し、団体が独立するまでの支援を行う機能を有する施設もある。だだし、その多くは公設の支援施設であり、民設の組織はその機能を持ち合わせていないことが多い。

②他セクター・団体との連携促進とコーディネート機能

　多くの市民活動団体は、それぞれの独自性を重要視するあまり、同一地域内の他団体との連携が希薄であることが多い。結果、連携した事業展開や情報共有が進まず、各団体の事業のマンネリ化やセクター全体としてのスケールメリットを活用できないといった影響がでる。そこで、効果的な課題解決を目指し、他セクターとの関係構築や他団体との連携構築のための仕掛けを展開することは重要な機能である。

③制度面の整備の機能

　特定非営利活動促進法の施行後、社会状況の変化や市民活動団体を取り巻く状況の変化に併せて、定期的に法制度の改定が行われている。これらの取り組みは、各地の支援組織が地域の意見などを取りまとめ、改善に向けた運動を繰り返してきた結果と言える。このように個別の組織では取り組むことが難しい法制度の整備や改善に向けて行動する支援組織の役割は

大きい。同時に、地方自治体ごとの条例や規則などの整備や改善について
関わることも重要な機能・役割として求められている。

インターミディアリー機能 ― 地域型の資金循環機能 ―

　紹介の通り、支援組織への一番の期待は仲介機能だが、中でも市民活動
団体からは資金的支援への期待が大きい。また、資金や寄贈品等で支援す
る（団体）とそれを受ける人（団体）の仲介だけでなく、能動的に資金を
確保し支援する資金循環システムの構築が求められている。

　従来から存在する仕組みとして「共同募金会」の全国的なシステムが存
在するが、地域型のモデルは一部地域に設立された「善意銀行」[註5]のみで
あった。しかし1989年東京に「市民バンク」[註6]が設立され、その後、阪神・
淡路大震災をきっかけに「阪神・淡路ルネッサンスファンド（1995年）」「阪
神・淡路コミュニティ基金（1996年）」「しみん基金・KOBE（1999年）」
など市民型の助成事業の仕組みが広がった。その後、東日本大震災と前後
して、各地に「市民ファンド」や「コミュニティファンド」と銘打った資
金循環システムが立ち上がった。各地でそのシステム構築を担い、運営主
体となっているのが支援組織である。

　インフラストラクチャー機能とインターミディアリー機能は、両立させ
るべきではないとの意見もあるが、社会資源が限られた地域の支援組織に
おいては、双方を備えることも必要と言える。

3　協働型社会がもたらした中間支援機能の課題

　市民活動の社会的認知度の拡大が、現在のような状況に至ったのはボラ
ンティアや市民活動団体の拡大によるものだけではない。「大きな政府か
ら小さな政府へ」「官から民へのパワーシフト」などの表現に代表される、
政府による民営化政策を通じた社会変革の動きにより、住民、地縁団体、
市民活動団体などの多様な主体が公益の担い手として参加できる仕組みが

広がったことによる影響が大きい。そんな変革途上に阪神・淡路大震災が発生する。多くのボランティアが現地に駆けつけ、必要に応じて官・民や営利・非営利の枠を超えて連携した取り組みを展開したことが契機となり、市民活動やボランティア活動を後押し促進するための法律として、特定非営利活動促進法策定の検討が始まり、法の成立により法人格を持つ市民活動団体が拡大した。その後、2000年の地方分権一括法の施行によって、地域の公共的サービスの担い手として市民活動団体が注目され、政府や地方自治体による期待がさらに高まり、市民活動団体の立ち上げや運営支援を行う支援組織が全国各地に設立された。

行政サービスの変化と指定管理者制度の実態と課題

そして、2003年の地方自治法一部改正により、地方公共団体の公の施設等の管理委託制度に代わる仕組みとして「指定管理者制度」が登場した。公の施設管理を営利組織を含め民間組織に管理・運営代行させることができる制度である。この制度変更により公設公営の支援施設を公設民営に変更し、地元の民間支援組織が指定管理者となり管理・運営代行する地域が急増した。それまで委託事業として公設民営で運営していた支援施設は、指定管理者制度による契約へと移行したのである。

財政規模が小さく、充分な設備や人員確保が弱点である民間支援組織にとって、公の施設の管理運営の代行を担うことでその弱点を克服し、より充実した支援に結びつけることができる制度として好意的に受け止める団体が少なくなかった。しかし、複数年度契約により安定運営ができる一方で、当初取り交わした事業計画を状況に応じて変更することが困難であり、臨機に対応できるはずの民間の良さが発揮できないといったことが起こる。人件費が事業費に含まれるために、行財政の悪化に伴い十分な予算が確保できなくなると、賃金面での課題が発生し安定雇用に支障をきたすことも少なくないのが現状である。

地方自治体側にとっては、市民参加による公共ガバナンスの確保に資す

るために、官民パートナーシップによる取り組みが必要とされ、その仕掛けの一つが指定管理者制度であったはずだが、現状は予算削減のための下請け化、地方自治体による管理型思考からの未脱却、指定管理者との不十分な情報共有によるサービスの低下などの課題が山積しているように見て取れる。

　また、担い手である指定管理者である民間の支援組織も時間の経過とともに、前例主義的取り組みに終始して型にはまった管理運営から脱却できない、民間支援組織としてのミッションからのずれを修正できない、雇用環境の改善が困難で離職率が高いなどの課題を抱えているのが現状と言える。この点の改善も急務であろう。

ナショナルセンターとしての日本NPOセンターの役割と課題

　このように地域における支援のあり方、支援施設のあり方が変容する中で、ナショナル・インフラストラクチャー・オーガニゼイションとしての日本NPOセンターの役割や取り組みにも改善が必要とされている。加えて、東日本大震災や新型コロナウイルス感染拡大など、突如として発生する生活を脅かす社会課題も経験し、それら不測の事態に対応できる力を備えたNPOのあり方や連携のあり方について検証し、それらの経験を万一に備えた際に滞りなく発揮できる仕組みを備えることも必要であると考える。

　そのための一つは、地域の支援組織を取り巻く状況変化に伴い、従来のように足並みを揃える調整役ではなく、それぞれの地域の特性や得意を見える化することで、情報共有や連携にスピード感を持たせ、スケールメリットを活かす仕掛けである。つまり全国の市民活動団体が、地域を超えて全国の支援組織から必要な支援を選べるという仕組みを創ることである。次に、各地で活動分野を超えた連携強化のための仕組みづくりである。社会課題の多くは複数の原因が絡み合っているといっても過言ではない。例えば困窮問題は、雇用や労働の問題、医療や福祉の問題、住居や食の問題など、様々な問題が関連しているが、各々の分野で活動に取り組む団体間

のつながりは弱い。縦割りではなく分野を超えて横断的につながり、それぞれの得意を活用して課題解決を進めることが民間組織の優位点でありその仕掛けが必要である。

　最後に職場として責任をもって関われる環境の整備である。官・民を、営利・非営利を自由に行き来できる職場選択環境を整備し、多様な人々が働ける環境を整えることが重要と考える。

　このように、社会課題解決のための基盤整備が日本NPOセンターに求められている役割であり、まだまだなすべき役割は多様にある。本編ではひとまずこの程度にしておき、対面で議論できる余地を残しておきたい。

参考文献

・総合研究開発機構「市民公益活動基盤整備に関する調査研究」『NIRA研究報告書』1994年
・大阪ボランティア協会ボランタリズム研究所監修『増補改訂版 日本ボランティア・NPO・市民活動年表』2022年
・宮脇淳「民間化政策の流れと指定管理者制度」『政策を見る眼　No.25』株式会社図書館総合研究所、2016年
・秋葉武「地方自治体とNPO－事業委託をめぐって－」『日本経営診断学会論集』5号、2005年
・中村陽一・日本NPOセンター編『日本のNPO2000』日本評論社、1999年
・日本NPOセンター『市民社会創造の10年－支援組織の視点から－』ぎょうせい、2007年
・日本NPOセンター『NPO支援組織による災害支援活動～東日本大震災の取組から考える』2016年
・日本NPOセンター『日本のNPOセンター設立に関わる訪米調査報告書』1997年

註

1　1985年9月に米国ニューヨークのプラザホテルにて先進5ヵ国により開催された会議で、対米貿易の黒字削減の合意事項の通称。
2　民主党政権下の2011年に「新しい公共」という考え方の定着と新しい公共の担い手を支援する仕組みとして実施された事業。総額約87億円。
3　Independent Sectorは、全米の非営利団体のメンバーシップによるネットワーク組織。非営利セクターの調査研究、政策提言等を行う団体。
4　近年では、NPOの支援組織に限らず、地域活性化策や災害支援などの事業でも「中間支援組織」という表現が使われるようになってきた。
5　1962年、徳島県の小松島市に第1号が設立される。技術、労力、金品などの善意を提供したい人と欲しい人につなぐ仕組み。ボランティアセンターの前身の形と言われている。
6　社会的起業家支援のための融資の仕組みとして設立。各地にも同様の名称で広がる。

3章
地方における中間支援機能の形成と展開

櫻井 常矢

1 日本 NPO センターの誕生

　日本社会に、共通用語としてのNPO、そしてそれを支える中間支援組織などのシステムが導入されてきた詳細な経過については、吉田忠彦氏の整理が参考になる。NPOの登場から日本NPOセンター設立への経過を吉田氏の整理をもとに概観してみる[註1]。

　日本のNPOを中心とした社会システムづくりは、1960年代に始まる米国の新しい市民団体や結社による「ネットワーキング」の影響を受けているとされる。1989年に設立された日本ネットワーカーズ会議もその一つであり、さらに日本青年奉仕協会（JYVA）による1988年全国ボランティア研究集会をもとにした全国ネットワーク、80年代から市民活動への助成プログラムを展開したトヨタ財団とそのプログラムオフィサーたちが築き上げた日本各地のキーパーソンとのネットワークなどが90年代以降の日本の市民活動が動き出す基盤となったとされる。

　そして最も大きな転機となったのが、1992年に開催された日本ネットワーカーズ会議の第2回フォーラム「ネットワーキングを形に！─個人と社会の新しい在り方を考える─」であったとされる。このフォーラムを通じて、非営利組織に関する広義の捉え方（病院、大学、博物館等）から、

いわゆる社会変革型の市民活動団体に焦点を当て、これを「NPO」として定義した点にポイントがあるという。このフォーラムを機に、それまでの「ネットワーキング」から「NPO」というキー概念にシフトすると同時に、単なるボランティアを超え、自立した市民活動組織とそれを支える社会システムに依拠した「シビル・ソサエティの存在をリアリティあるものとして感じた」場面であったと吉田氏は述べている。こうしたNPO機運の高まりに対して、総合研究開発機構（NIRA）による『市民公益活動基盤整備に関する調査研究』が1994年3月に研究報告書としてまとめられる。同報告書第5章・第3節では、「必要な支援組織の要件と実現の課題」として、初めて公式に支援組織に関するビジョンが述べられている。

　日本の中間支援組織の原型は、その後の1996年に設立した日本NPOセンターの設立の道程から学ぶことができる。設立を前にした1996年5月、同年9月の2回にわたり、米国のインターミディアリーを調査対象とした訪米調査が実施されているが、このなかでインターミディアリーとは主に資金の仲介を意味し、一方で情報提供、人材開発、アドボカシー、調査研究等のキャパシティビルディングに関わるものをインフラストラクチャー・オーガニゼーションと称するとの示唆を得ているとされる[註2]。これにより、設立を目指すセンターが「資金や人の仲介よりも、日本の非営利セクターの強化」という共通のイメージに結びついたという。こうして日本版ナショナルインフラストラクチャー・オーガニゼーションとしての日本NPOセンターが1996年11月22日に設立される。

2　地方都市の中間支援組織とその多様性

　ナショナルセンターに加え、地方での取り組みも含む市民活動支援のグランドデザインを描いたものとして日本ネットワーカーズ会議による『ボランタリー活動推進のための仕組みづくりに関する調査報告書』（1995年）が注目できる。この調査研究では、日本のボランタリー活動の実態と課題

と同時に、アメリカにおける市民活動支援の機能と組織についても明らかにされており、支援センターの具体的プログラムとして活動団体への支援、社会的環境整備に関する支援、ボランタリー・セクターの強化支援という三つの柱が整理されている。さらにこのグランドデザインを通じて、地域レベルの市民活動サポートセンターの機能、そして地域レベルに果たす全国レベルのサポートセンターの役割が戦略的に述べられている。

　日本でも先のナショナルセンター設立に向けた動きと並行して、地域レベルにおけるサポートセンターの構想と実践が進められようとしていた。加藤哲夫氏（仙台）、安藤周治氏（広島）、実吉威氏（神戸）、中村順子氏（神戸）など、その後の地方における中間支援組織をリードする面々で構成された「市民活動地域支援システム研究会」である。同研究会は、笹川平和財団の助成を受け、総括調査委員会のもと当初広島（ひろしまNPOセンター）、仙台（市民活動地域支援システム研究会・仙台委員会）、生野（生野地域活動サポートセンター設立準備会）の全国3拠点をフィールドとし、1995年7月から3年間の調査研究を積み重ねている。当初は、地域サポートセンターのソフトプログラムの開発を目標にしていたものの、阪神・淡路大震災（1995年1月）を契機にボランティアやボランタリー団体への社会的認知が高まったこと、市民活動促進法案（当時）が1997年6月に衆議院を通過するという市民活動の制度化への流れなどがあいまって、神戸、広島、仙台、生野（大阪）にサポートセンターが設立されていくという大きな成果を得ている。

　同研究会の知見として注目すべきは、サポートセンターの多様性に着目していることである。当該地域の地域性や人口規模、あるいはサポートセンターの担い手たちの経験や考え方などによって、センターの理念、サービスの対象や内容、扱う情報、組織体制、ネットワーク、戦略等の面で違いが現れることを前提とした議論を進めていたことが見逃せない。センターの理念や考え方をめぐっては民間性と地元性、（社会）基盤性とテーマ性などに加え、サービスの対象をめぐっては市民団体とコミュニティなど、

それぞれがいくつかの面で固有の特徴を有している。のちに各地に設立されるサポートセンターは、総合サービス指向型（仙台）、政策ネットワーク指向型（広島）、コミュニティ事業起業指向型（神戸）、人権重視コミュニティ指向型（生野）などに分類され、その多様性が強調されるのである。研究会の名称にある「市民活動地域支援（システム）」もまた、そのウイングの広さを現わすと同時に、中間支援機能をそれぞれの地域特性に応じて独自に追求しようとする点に大いに学びたい。

3　中間支援施設の誕生と民間運営

　日本では、行政による市民活動支援の一つの形態として中間支援施設の設置が2000年以降、各地で進んでいる。現在、都道府県、市町村を合わせ全国に約360ヵ所あるとされ、その多くが民間運営（公設民営型）となっている。日本NPOセンターによる最新の調査結果によれば、民間運営が73％であり、そのうちNPO法人が65％、社会福祉法人が10％、そのほか一般社団法人等の公益法人が続く形となっている[註3]。

　その先駆けとして、1996年4月に開設されたかながわ県民活動サポートセンターがあげられる。NPO法制定前のこの時期、当時としては前例のない行政運営によるボランティア支援施設として注目され、現在もなお支援事業を継続してきている。神奈川県職員として同センターの設立と運営に携わった椎野修平氏（元かながわ県民活動サポートセンターボランタリー活動推進担当部長）は、当時の岡崎洋知事のスピード感のあるリーダーシップを懐かしくふり返る[註4]。大蔵官僚や環境事務次官を経て神奈川県知事（1995〜2003年）となった岡崎氏は、県環境基本条例の制定や水源環境保全のための新税導入の道筋を付けるなどの環境政策の推進、そして全国初となるNPO・ボランティア支援の拠点整備や「神奈川ボランタリー基金21」を創設するなど、いわゆる協働の時代を地方自治の現場から先導した人物である。1995年4月に知事に就任すると、同年7月にはサポー

トセンター設置への指示が職員に出される。横浜駅から徒歩圏内にある現在のサポートセンターは、元々は複数の行政機関が入った県政総合センターとして整備される構想のあった場所だが、これを「かながわ県民センター」と改称し、その一画を県民活動サポートセンターとして整備している。また、こうした拠点整備に向けた目的や理念の構築には、当時神奈川県職員でもあり日本ネットワーカーズ会議のメンバーでもあった久住剛氏、鈴木健一氏らの影響が大きいとされる。知事のリーダーシップ、好立地の施設計画があったこと、そしてNPO・市民活動に精通した県職員の存在といういくつかの条件が重なり、日本初の公設公営によるNPO・市民活動支援施設が極めて短期間のうちに設立されることとなる^{註5}。

　課題となったのは、サポートセンターとしてどのような支援事業とそれに見合う施設運営をすべきかであったという。当時の日本にとって、分野別の支援センターはあったものの総合的な市民活動の支援センターは前例がなく、どのような支援コンテンツを盛り込むかについては白紙であったという。岡崎知事からの指示は、「職員はそもそもボランティアが分からないはずだから黒子でいい」であったとされる。例えば、ボランティア養成講座のような人材育成事業は必要ないとし、とにかく「場の提供」に徹することを求められたという。そこでサポートセンターの運営を委ねられた椎野氏らは、まずは半年間、利用者に施設の使用を促し、そこから見えてくることを形にすることにしたという。利用者の声や実践をもとにした創造型の施設運営を目指したことになる。こうした経過を経て、貸室（ミーティングルーム）、印刷機、ロッカー、レターケース、相談カウンター、フリースペースなどが備えられ、現在一般化しているサポートセンターの原型が形作られていく。同時に、こうしたサポート機能への重要な考え方として、目の前にいる市民活動「団体」の支援ではなく、団体の「活動」の支援であることを椎野氏は強調する。すなわち市民活動のエンドユーザー（顧客）は、サポートセンターが支援している団体活動の先にいるということである。サポートセンターの利用者たちは、センターで議論し、カ

を付け、課題を抱えた個人や地域社会と向き合いながら課題解決のために活躍している。

　こうしたサポートセンターの目的や機能は、その後各地に広がる民間の支援団体や支援施設に踏襲されていく。その一つが既述した仙台市市民活動サポートセンター（以下、仙台サポセン）である。せんだい・みやぎNPOセンターが運営する国内を先導した公設民営型施設である。仙台市では、1993年にいわゆるゼネコン汚職により当時の仙台市長や宮城県知事が続けて逮捕されるという事態を受け、その後、仙台市長となった藤井黎氏のもと情報公開と市民参加をキーワードにした市政＝協働のまちづくりが推進される。1970年代の革新市政時代に置かれた庁内研究機関・仙台都市科学研究会にルーツを持ち、仙台市が出資設立したシンクタンク仙台都市総合研究機構による「市民・企業の公益活動と官民のパートナーシップのあり方に関する基礎研究」（1996年3月）や、仙台周辺の研究者やNPO関係者、コンサルタントなどが集まった仙台NPO研究会へ委託された「市民公益活動支援に関わる課題等の調査」（1996年10月）などを経て、市民参加や市民公益活動の推進のあり方をまとめた「仙台市基本構想」（1997年3月）が出される。この構想をもとに、市民活動団体、行政、大学教員等の学識経験者などを巻き込んだ具体的な議論が積み重ねられ仙台サポセンは開設されるわけだが、その道程には政治、行政の改革と同時に、重層的な市民参加の歩みがある。こうした蓄積を基盤とし、さらに運営主体の民間団体を公募・選考によって決定したことなどから、その後の日本ではこれが言わば「仙台モデル」となって、各地の公設民営型施設開設への道筋を開いたことになる。

　そして、仙台サポセンの運営に向けて関係者たちが大いに参考としたのが、かながわ県民活動サポートセンターである。この経験を経たせんだい・みやぎNPOセンターの代表理事であった故加藤哲夫氏は、その後、全国各地の自治体、中間支援組織・施設から数多く招聘され、講演会やワークショップを重ねている。加藤氏の影響を受けた関係者は全国に多く、中間

支援をめぐるその考え方は今もなおカリスマとなってこの世界の担い手たちの理論的支柱となっていると言われる[註6]。

4　硬直化する中間支援機能

　神奈川から仙台へと踏襲された日本の中間支援施設の機能は、その後2002年から2006年をピークに各地に広がり、施設数は現在全国で360を超えている[註7]。それらの施設では、会議、イベント用の貸室、印刷機等のある作業スペース、レターケース、ロッカー、貸事務室等のハードから、情報コーナーや相談窓口、組織マネジメントや会計等に関する各種の講座、セミナーなどのソフト事業が、施設規模による違いがあるにせよ概ね共通に行われている。誰かが決めたわけではないが、これらが「仙台モデル」としてマニュアルのように各地に広がり、一般化、定着化していくことになる。さらに言えば、公設民営型施設は当初の事業委託から指定管理者運営へとその多くが移行し[註8]、後者の場合3年から最長10年という契約期間のものまで現れてきている。

　こうした動きに加え、2010年に始まる「新しい公共支援事業」は、新成長戦略としてNPO・社会的企業の活性化を狙いとして、NPO等の活動基盤整備のための支援事業を位置づけるものであった[註9]。87.5億円の予算を各都道府県が基金として創設し、NPO等の新しい公共の担い手を育成・支援するものであり、北海道、岡山、山口、高知をはじめ全国各地の基盤整備型の中間支援組織が各種のNPO支援プログラムを実施している。さらには、2010年度から3年間実施された地域社会雇用創造事業も加わり、NPO等の市民活動団体やそれを支援する中間支援組織に公的資金が投入されることになる。この数年間の動きに対して「ばらまき」や「公的資金消化型」事業との批判もあるが、結果として各団体が従来の事業を無批判に実施・展開することになる。いわばこの刷り込みが、中間支援機能の一般化と定着化、あるいは硬直化を招いたとも言える。貸室や講座を提供す

るだけであれば、公民館等のコミュニティ関連施設と何が異なるのか。む
しろそれを根拠に、行財政改革の一環として自治体の財政当局が中間支援
施設を再編の対象に含む状況さえある。しかし、中間支援施設の硬直化に
ついては、より本質的な課題として次の二つが指摘できる。

　一つは、中間支援機能の多様性の喪失である。とりわけ、このことは中
間支援施設の運営をめぐって指摘できる。各地で活躍する中間支援組織は
その地域性や人口規模等の諸条件によって実に多様であり、そのことは既
述した市民活動地域支援システム研究会の蓄積が強く伝えることであった。
また、行政の設置する中間支援施設とは、基本的に市民サービス施設の一
つであるが、「ただし、そこにノウハウを持つ民（NPO）がいるなら、あ
る程度高度なサービスが提供できる」との指摘がある註10。行政施設がそ
のままでは中間支援機能を持ち得ず、運営主体となる中間支援組織の役割
発揮が左右するとの意味合いだが、しかし現実の各地の公設民営型施設か
らは運営主体の独自性が必ずしも実感できない状況もある。むしろ、その
多くは自治体の協働政策の象徴として、民間組織が運営主体になる＝公設
民営型という運営の形態こそが目的化してしまったように思える。支援プ
ログラム等をめぐる民間運営の独自性の発揮は影を潜め、マニュアル化さ
れたかのように共通化した施設運営が現れてしまっている。さらにこれが
長期の指定管理者運営という継続委託によって、特定団体にのみノウハウ
が蓄積される形となり、これにより分権型・分散型社会の招来を後退させ
ているとも言える。高齢化と人口減少を通じ地域課題が多様化している中
で、いま重要なことは、それぞれの地域事情や課題に照らし、自治体とし
て、あるいは民間組織として固有の支援機能のあり方を追求することであ
る。そのためにも現段階で各地に蓄えられた多様な実践を見える化し、そ
れらの手法を共有することが求められる。

　二点目は、中間支援機能をめぐる市民と行政との協働のあり方である。
既述した神奈川県や仙台市における中間支援施設の制度化の道程は、同時
に協働型社会に必要とされる諸条件を整えたプロセスとも言える。地方自

治体が展開するNPO推進政策として、例えば支援条例の制定、支援指針やマニュアルの策定、支援センターの設置、資金助成の実施、情報ネットワークの運営などがあげられている[註11]。NPOと行政との協働型社会の構築のための環境整備に向けて、地方自治体としての一般化された行動様式が現れてきたと言ってよい。しかしその一方で、これらの基盤整備のみが優先され、かえって協働の内実が脆弱化したとは言えないだろうか。条例、指針等の制度整備はもとより、支援センター＝中間支援施設を整備することが、すなわち協働の実現に結びつくとの誤解である。重要なことは、どのような中間支援施設なのかであり、その目的や機能を地域の実情や市民ニーズを捉えながら協働型で構築することである。支援施設の構想段階、計画段階での市民参加（＝意見表明機会）はあっても、実施段階におけるお互いの役割分担や施設機能の見直しのための議論など、行政、運営主体それぞれの役割を再構築する協働のプロセスを取り戻すことである。では、現段階の地方都市における地域・市民のニーズとは何か。直面する地域の課題を解決するために、どのような取り組みが地域社会に求められ、そしてそのために中間支援機能はどうあるべきなのか。すでにこのことへの対応が始まっている。

註

1 吉田忠彦「日本NPOセンターの誕生まで」日本NPOセンター編『市民社会創造の10年』ぎょうせい、2007年、134-167頁など、そのほかにも多数の論文がある。

2 同上書、159頁。

3 日本 NPO センター『NPO支援センター実態調査回答結果【支援施設】』（2023年8月30 日）。調査票送付数363、回答数127、回答率35％となっている。

4 椎野修平氏（日本NPOセンター特別研究員）へのインタビュー（2023年8月17日）をもとにしている。

5 サポートセンター設置やボランタリー活動推進基金21の導入等をめぐる性急さについては、岡崎知事のトップダウン＝行政主導であるとして、まちづくり情報センターかながわ（アリスセンター）を中心とした県内のNPO等からの批判を受ける。一方で、こうした県行政と県内NPOとの攻防が、その後の神奈川県の協働施策を後押ししたとの評価もある。詳細は、吉田忠彦「市民活動支援をめぐる施設、組織、政策」『非営利法人研究学会誌』VOL.22、2020年、57-73頁参照。

6 加藤哲夫氏については同様の評価が多くある。例えば、金子幸司編著『公共ガバナンス論』晃洋書房、2018年、44頁参照。

7　公設型中間支援施設の単年度あたりの設置自治体数は、全国で36（都道府県6、市区町村30）あった2002年がピークとされる。詳細は、荻野幸太郎・金川幸司「全国の公設型NPOセンターの設置状況と運営実態に関する調査研究」『社会・システム学会』37、2016年参照。

8　前掲註3の調査結果によれば、民間運営のうち指定管理者運営が52％、事業委託が42％となっている。

9　「新しい公共支援事業（2011〜12年度）」については、当時の鳩山内閣による円高・デフレ対応のための緊急総合経済対策の一環であり、NPO等の活性化を市民活動支援の観点からではなく、デフレ時代の新しい経済成長や雇用吸収のモデルとして模索したことの現れであるとの指摘もある。註6前掲書、49頁参照。

10　株式会社第一総合研究所『中間支援組織の現状と課題に関する調査報告書（2001年度内閣府委託調査）』2002年、11、47頁参照。

11　椎野修平「市民セクター推進のプロモーターとしての取り組み」日本NPOセンター編集『市民社会創造の10年』ぎょうせい、2007年、222頁。

4章

NPO・市民活動支援から地域コミュニティ支援へ

櫻井 常矢

1 高齢化・人口減少に直面する地域社会

　近年の日本は、経済社会が大きく変動し、その変化が様々な社会的課題となって現れてきている。人口減少、格差・貧困、新型コロナウイルス感染症、SDGs、脱炭素、DX（デジタルトランスフォーメーション）、さらには円安と物価高等々、その急速な変化への対応が求められている。そして高齢化が進む地域社会、特に地域コミュニティだけをみても多くの生活課題、地域課題が顕在化してきている。独居高齢世帯の増加、頻発する地震、水害等の自然災害、伝統・文化の継承、耕作放棄地等の増加による国土の保全、空き家問題など枚挙に暇がない。例えば、労働環境の改善を目的とした働き方改革も退職年齢を先送りにするという観点で見れば、その分だけ退職世代の地域デビューの遅れを意味することから、いわゆる地域コミュニティにおける担い手不足の要因ともなっている。こうした社会変化の中にあって、NPOや中間支援組織にはどのような社会的な位置と役割が求められているのだろうか。

　日本社会へのNPO登場の背景には、社会的課題の深まりと同時に、行政、企業、地域社会の間に現れる機能不全の領域、いわゆる課題解決の隙間（ニッチ）が顕在化してきたことであり、そのことがNPOの存在意義を一定

の共通認識として広めたことは確かである。一方で、NPOはその隙間を埋めるものではあっても、例えば行政や地域社会との関係を通して支えたり、変化を促したりする主体となるなど、積極的な相互関係が実現できたのかについては疑問が残る。先述した「協働の空洞化」もまた、その一つの現れと言える。

　さらに、現在起こっていることは行政組織や地域社会の弱体化・流動化である。行財政改革のいわば臨界点となった平成の大合併（2004～06年）によって、行政は大幅な縮小を余儀なくされることとなった。地域社会もまた加速化する高齢化と人口減少によって、従来までの組織運営や事業活動が維持できない状況が現れてきている。ほぼ全国に共通する基礎的な地域団体としての、女性会（婦人会）、老人クラブ（長寿会）、子ども会、青年団等の縮小や解散、自治会・町内会等の地縁組織について言えば、これまで自治会等を支えてきた世帯の退会、あるいは自治会長等の地域リーダーの選出が困難になるなど、地域づくりへのこだわりと力強さが希薄化してきている現実がある。これに新型コロナウイルス感染症の拡大などにより、地域活動は縮小や停止に追い込まれ、そのまま弱体化しつつある地域も少なくない。こうした状況を改善するべく、近年は交流人口、関係人口などコミュニティの流動化を求める動きもある。その中にあって、NPOは独自の領域のみで活動するものではなく、地域社会の一つのプレーヤー＝当事者として関与していくことが求められてきている。問題は、NPOの担い手たちがそのような動向に自覚的であるかどうかであり、加えてここにもまた社会的なインターミディアリーとしての中間支援機能の必要性が現れてきていると言ってよい。

2　RMO等による地域コミュニティの再構築

　先述した独居高齢世帯、自然災害をはじめとする地域の暮らしをめぐる課題とは、当該地域の力がないと解決できない課題ばかりであり、そのた

め行政と地域コミュニティとがパートナーとなった協働政策の推進は必須課題となっている。一方で、いわゆる担い手不足に代表される地域力の衰退もまた顕著である[註1]。こうしたことから、地域コミュニティを再構築しつつ自治力を強化し、持続可能な地域コミュニティの形成を促す取り組みが各地で進んでいる。その一つが、地域運営組織：Region Management Organization（以下、RMO）である。RMOとは、担い手不足などにより自治会等の地域コミュニティが弱体化するなか、それを補完する機能を有する。主に小学校区域を基本範域として、地域内にある自治会、NPO、各種団体、学校、事業者等がフラットに横につながり、持続可能な地域の暮らしを実現する課題解決型組織である。総務省の全国調査によれば、2022年度末時点の全国のRMO数は7207、853市区町村が「RMOがある」としており、全国で約半数の市区町村が設置していることになる[註2]。2016年度からは、地方財政計画にRMOの財政支援策が新たに盛り込まれ、RMOの運営支援のための経費として普通交付税措置が始まるなど、RMOが地方創生をめぐる重点政策として展開している[註3]。これに加え、地方自治体では独自のRMOに対する財政支援策や人的支援策、そしてRMO支援に重点を置いた中間支援機能の整備など多様な支援の枠組みが形作られてきている。

　特に第二期の地方創生政策では、いわゆる人口減少対策から「多様な人材の活躍」に着目している点が注目される（「第二期 まち・ひと・しごと創生総合戦略」2019年12月20日閣議決定）。地域コミュニティについて言えば、担い手不足の現実があるからこそ、若い世代や女性など多様な人材の発掘と登用が求められる。言わば人口減から人材増へという発想と実践の転換でもある。そしてこのことは、RMOの形成にとっても大いに関連がある。RMOは、既存の自治会・町内会等の地縁組織や各種団体の役割を相互調整しつつ、それらを補完する機能が求められるうえ、多様化・深刻化する地域課題の解決力、実践力を向上させることを想定している。そして、その実現のためにRMOの形成とは新たな人材の発掘・登用を前提

としていることが重要である。地域事業や担い手などの面で硬直化する地域の現状を考えれば、地域内にこうした新たな動きを進める上でも第三者的な支援機能の関与が大いに求められることになる。総務省の全国調査においても、行政の支援策として「地域外部の専門家の活用」（8.3%）が財政支援策を除けば一定程度あり、かつ地域外部の専門家として中間支援組織を想定しているケース（61%）が多いことが分かる[註4]。

3 　個別団体支援と地域自治支援

　平成の大合併や高齢化・人口減少等の要因をもとに、地域コミュニティの再構築という流れを受けて、中間支援組織の側にも変化が現れてきている。各自治体では、RMOだけでなく、地域コミュニティへの人的支援策としての集落支援員（全国5171人、導入自治体数394。いずれも2022年度数値）、地域おこし協力隊（全国6447人、受入自治体数1118。いずれも2022年度数値）なども盛んであるが、これらについてもまたサポート体制や拠点のあり方が課題となっており、これに中間支援機能を整備する自治体も現れてきている。とりわけ、地域コミュニティを新たな支援対象に含めるとなれば、従来までNPO・市民活動の支援を柱として中間支援施設を運営してきた自治体にとっては支援機能の見直しが求められることを意味する。

　黎明期からの中間支援組織は、NPOや市民公益活動からの個別のニーズに対応した支援事業を展開している。それは、組織の設立段階に始まり、組織の経営や各種の事業活動を実現するための支援をそれぞれの団体に寄り添いながら進めてきている。一方、近年の動向としての地域コミュニティへの支援は、上述のRMOに象徴されるような地域課題の解決に向けた多様な主体の連携を促すものである。RMOと同様に、近年の地域政策の課題である地域包括ケアシステム（生活支援体制整備事業）なども、地域内の多様な主体の連携を求める点が特徴である。地域内にある団体や事業

図表4・1　総合型中間支援組織の2010年以降の動向（筆者作成）

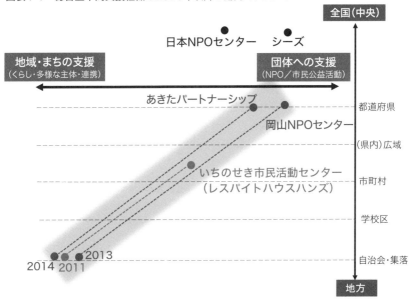

者、施設等による面的なつながりを創り出し、課題解決力を高め、地域の自治を強化する取り組みである。すなわち、従来までの個別団体支援に加え、多様な主体の連携に基づく地域自治支援へとその機能を変化させていることになる。さらに中間支援組織は、都道府県域や市域など支援活動の主たる範域を有しているが、こうした機能の変化に並行して校区や自治会、さらには集落までも対象とするなど支援範域も拡大させていることが注目される［図表4・1網掛け部分］。

　例えば、2005年から県の支援施設を運営するNPO法人岡山NPOセンター（2002年設立）は、2013年にNPO法人みんなの集落研究所を設立し、岡山県内外のRMOの設立支援等に取り組み始めている。同じく県域で支援事業を展開するNPO法人あきたパートナーシップ（2002年設立）も2014年頃から共助組織の支援をスタートさせている。また、岩手県一関市にあるいちのせき市民活動センター（2008年開設）では、小学校区地域コミュニティの支援に取り組む新たな支援手法が2011年から導入され

るなど、公設の中間支援施設においても類似した変化が現れてきている。こうしたことから、地域コミュニティの再構築という動きに並行した、概ね2010年以降の中間支援機能の変化に注目したい。地方の中間支援組織（施設）については、既述した神奈川、仙台に端を発する動向など黎明期の中間支援組織までの整理はあるものの、その後の新たな動きへの検証は不十分なままである。

　本書ではこうした2010年以降の日本の中間支援機能、特に地方都市の動向に着目し、具体的な実践とその意義について検討する。その際、近年のそうした新たな実践の中から、すでに指摘した協働型社会の課題を乗り越える可能性を明らかにしていく。高齢化、人口減少社会と向き合う中間支援機能の動向から、複雑化する地域課題の解決に向けた協働の道筋、そして民間、行政等に求められる役割を見出していくことが課題となる。

註

1　総務省の全国調査によれば「継続的に活動していくうえでの課題」との質問に対して、「活動の担い手となる人材の不足」（84.5％）が最も多く、次いで「次のリーダーとなる人材の不足」（59.3％）、「リーダーとなる人材の不足」（56.2％）、「事務局運営を担う人材の不足」（52.6％）と上位4番目までが人材の不足に関連している。従来まで比較的上位であった「活動資金の不足」（43.1％）はそれよりも下位（7番目）となっており、補助金等の経済的支援よりも人材の確保が、課題として切実であることが分かる。詳細は、総務省『令和4年度 地域運営組織の形成及び持続的な運営に関する調査研究事業報告書』（2023年3月 総務省地域力創造グループ地域振興室）参照。

2　同上報告書参照。

3　2016年度以降、RMOの専従事務局員の人件費を含む経常経費対応としての普通交付税、さらに主にRMO立ち上げ期の特別経費対応として特別交付税措置もその後始まっている。

4　前掲註1参照。

Ⅱ部

東日本大震災復興支援と
中間支援組織の役割

5章

県外避難者支援を支えた
新たな中間支援の展開

櫻井 常矢

1 広域県外避難者支援への挑戦 ―協働型復興の必要性―

　2011年3月11日に発生した東日本大震災からの復旧・復興の道程は、見通しのない解決困難な課題が山積したがゆえに、多様な人びとや団体、機関等の知恵と努力を自ずと求めることとなった。すなわち多様な主体間の協働に基づく体制づくりを不可避なものとしたのである。そして中間支援組織もまたその一つとしての役割を求められたと同時に、これまでに経験のない取り組みや方法、周囲との関係性等が必要とされたはずである。また、それまでの当たり前であった実践の蓄積やノウハウを相対化する機会が与えられたとも言える。各地の中間支援組織はこの経験から何を学び、その後の実践に活かそうとしているのか。ここでは、原発事故被災地である福島県浪江町の復興事業における中間支援組織の歩みを辿る。

　福島県浪江町（震災時人口2万1434人）は、福島第一原発事故によって全町民の町外への避難を余儀なくされた自治体の一つである。原発事故によって町民が受けた精神的苦痛は筆舌に尽くし難いものがある。震災翌日の2011年3月12日早朝、突如出された第一原発半径10キロ圏内住民への避難指示によって、津波によって被災した住民を救うことができなかったという無念さ。同日夕刻までに町民全員を避難させ、その後3日間にわたっ

て過ごした地域が、後になって最も線量が高い場所となることを誰も知らされることがなかった悔しさ。町民たちは、それらの思いを抱えたまま全国各地に散り散りに避難することとなった。

　2014年8月時点のデータを見ても、町民の避難エリアは（和歌山県を除く）全国46都道府県にわたり、広域避難が継続していたことが分かる。福島県内への避難者が概ね全体の7割、県外への避難者が3割となっている[註1]。福島県内においても、31ヵ所に及ぶ仮設住宅に約3900人、公営住宅や民間アパートなどを借り上げたみなし仮設住宅に7000人を超える方がそれぞれ避難しており、福島県内外に分散する避難の状況が見てとれる。避難指示解除後の住民の帰還意向についてみると、「すぐに・いずれ戻りたい」17.6％、「まだ判断がつかない」24.6％、「戻らない」48.4％、「無回答」1.7％となっていた[註2]。その1年前（2013年8月時点）の調査において「戻らない」が37.5％であったことや、帰還希望者の多くが高齢世代であることを加味すると、浪江町内での生活再建が時間の経過とともに厳しさを増していることが窺えた。

　浪江町の復興計画では、県外避難者を意識した理念を明確に位置づけ復興事業を展開している。第一は、「どこに住んでいても浪江町民」である。これには町への帰還を希望しない町民を含め、それぞれの震災後の暮らしや生き方を尊重する考え方が打ち出されている。帰還の是非をめぐって町民の間に軋轢があるなかで、これを乗り越えつつすべての人びとが町民であるとしたこの言葉には、福島・原発事故被災地の矛盾と葛藤が込められている。第二は協働型復興である。町行政単独での支援には限りがある上、前例のない災害のもとでは、民間と行政とのパートナーシップによって実現することが必然的に求められていた。そして第三は、被災者が主体となる復興である。被災者（町民）は「助けられる」客体なのではなく、人びとを「助ける」主体として存在することにこそ復興の意味を見出そうとしている。被災者は、他者からの支援に対して感謝し続けることよりも、逆に他者を元気づけたり他者から感謝されたりするときに、人としての生き

がいや喜びを実感できる。一人ひとりの生活再建と同時に、一人の人間（主体）として自立していくことの意味を重視している。こうした復興の理念をどのように具現化していくのかが問われるわけだが、特に県外避難者支援をめぐっては、浪江のこころプロジェクト、浪江町復興支援員事業の二つが中心的事業として進められた。そして、これらの全国展開が可能となった背景には、各地の中間支援組織とそのネットワークの存在がある。

2　町民の思いをつなぐ『浪江のこころ通信』

混乱の中からの出発

　2011年4月、筆者は当時浪江町役場が置かれていた福島県二本松市東和支所に向かっていた。役場とは言っても定まった配置となっていたわけではなく、職員たちは思い思いに長机の上に資料やパソコンを並べ必死に作業にあたっていた。そんな中、筆者に声をかけてくれる職員がいた。復興推進課主幹（当時）のT氏である。町民は今、互いに言葉を交わせぬまま、各地への避難を余儀なくされている。それぞれの思いや考えが知りたいのではないか。そのための方策はないか。これが、全国に分散避難する町民を取材し、それらをまとめ全世帯に郵送する『浪江のこころ通信』(以下『通信』）の議論の始まりだった。T氏をはじめ数名の職員が真摯に耳を傾けてくれた。けれども、結論は特に出ることもなく、初めての訪問はどこかすっきりしない終わり方となった。

福島駅喫茶店での夜の話し合い

　『通信』は、やはり役場との関係を築き上げない限り実現しない。取材活動は民間の力で頑張れるとしても、取材に必要な町民の所在地に関する情報、『通信』の印刷や町民への郵送など課題は多くあった。そうした中、T氏が動き出す。仕事を終えた夜に役場職員5名ほどを連れて福島駅1階にある喫茶店で打合せを開いてくれたのだ。打合せと言っても、まずは自己

紹介や互いを理解することから始まった。それぞれが復興に向けてどのような考えを持っているのか。今、町民のために何ができるのかなどを話し合った。初対面のため、お互いにどこかぎこちなかったが、「町民のために何か動き出さなければならない」という暗黙の合意だけはあったように思う。その中に一人の女性職員がいた。役場の広報担当（当時）であったN氏である。N氏は2回目の喫茶店会合の時には『通信』のレイアウトを持参し、この話し合いを具体的に前に進めようとした。当時は、町の広報は発行されておらず先の方針も見えない状況だったが、N氏は町の広報を再開させ、その中に『通信』を盛り込むことで何とかして町民に届けたいとの強い思いがあったと、後に述べている。こうして数回の喫茶店会合を重ね、ほぼ見切り発車のような形で『通信』は動き出すこととなった。

取材協力者としての中間支援組織

『通信』の取材活動と原稿の作成は民間の力で、そして被災者本人への取材受入れ承諾の確認や『通信』の印刷、郵送は行政が行うこととなった。通常であれば、民間団体との間での細かな文書のやり取りなど煩雑な行政手続きが必要になるはずだが、職員たちは私たちと思いを共にし、具体的行動へと結び付けてくれたのだった。全国に分散避難した町民の取材は可能なのか。想定したような『通信』が本当に実現できるのか。どれも確証があったわけではない。とにかくお互いに「やってみるしかない」という思いだけだったとふり返る。結果、『通信』は2011年7月1日に創刊し、2022年3月までの毎月1日、途切れることなく全世帯に送付され続けた。

　課題となったのは、全国各地で必要となった『通信』の取材と原稿の作成をだれが行うのかであった。それには、各地で根を張り活動を続け、地域情報に精通した中間支援組織が真っ先に頭に浮かんだ。面識のない筆者に対して、電話一本での協力依頼を快く引き受けていただいたことが忘れられない。福島、山形、千葉に始まり、埼玉、秋田、静岡、石川、京都、広島、福岡、沖縄、北海道と全国各地に取材者（団体）が広がっていった。

これらが、後述する浪江町復興支援員事業と連動する形で着実な展開を見せることとなった。『通信』は、最終的に全119号が発行され、取材件数（『通信』掲載数）は466件、取材協力者は延べ132人となる。

『通信』が伝えてきたこと

　時間の経過とともに、一人ひとりの生活もふるさと浪江町の姿も大きく変化していった。むしろこうした変化の「経過」のなかに秘められた町民の声や思いを記録として残すことが『通信』の目的でもある。大震災や原発事故による被害状況に関する情報や数字の記録は数多く存在するが、町民の思いや心の記録、特に長い復興のプロセスを通したその時々のリアルタイムな記録はほとんど存在しない現実がある。被災者の生活再建や復興の過程には、多くの悲しみと苦難、そして人知れぬ心の葛藤があって今日に至っていることを『通信』は語り伝えてきている。

◆悲しみ・葛藤・希望

　『通信』はありのままの町民の声をそのままに伝えてきている。紙面に現れる言葉は限られるが、実際の取材活動ではその何倍もの思いを受け取ってきている。語りつくすことのできない苦しみや悲しみ、心の葛藤、そして未来への希望などがあった。ある東京に避難した男性は、今も福島で復興に取り組む仲間がいるのに自分だけ県外に出てきた思いを「仲間を裏切ったという罪悪感」と表現し、『通信』を通して皆に詫びたいと語っている。「福島の言葉でしゃべりたい」と、津波で亡くなった夫の遺影を抱えながら避難先の東京で孤独に耐える心情を語った方。海のない内陸の土地に避難した上に職が得られず、線量の不安のない日本海側に移動して漁師の職を求めようかと悩む思いを「請戸の朝日が見てみたい」と伝えた方。子育て中の若いご夫婦は、「子どもが自立したら必ず浪江に帰りたい」と子どもの安全を第一と考えながらも故郷への思いを涙しながら伝えた。当初取材者たちは、『通信』にはできるだけ前向きな言葉を掲載すべきと考えていたが、取材を通じて学んだことは、人は悲しみを共有するだけでも

前向きになれるということである。そしてお互いの「違い」や「同じ」を確かめることなど、まさに"こころ(心)"の通信の意味がそこにある。避難生活を余儀なくされた町民の言葉からは、行政への批判や行政に不都合な言葉も出てくるはずである。しかし、当時の故馬場有元町長は、町政に対する厳しい町民の声を含め、すべての言葉をありのままに掲載することを最後まで貫かれた。こうして発信され続けた町民の思いは、たくさんの共感を得ながら、町民の絆を育んできている。

◆被災者の自立・多様な生き方

『通信』は同時に、被災者の自立とは何か。町の復興とは何かを問うてきたと言える。安定した住まいや職を得ることのほかにも求めたいことはないのか。浪江町に帰還することだけが町の復興なのか。それぞれの避難先からもふるさとの復興のためにできることがあるのではないか。取材活動を通して見えてくる町民の生活、あるいは『通信』から伝わってくる言葉は、被災者には多様な生き方があることを伝えてきたと言える。どれが正しいのではなく、様々な考え方や生き方があってよいということであり、さらに言えば『通信』を通して互いを認め合える関係を創り上げることを大切にしてきたと言える。

◆一人ひとりの変化・成長

『通信』は、町民一人ひとりの変化や成長を見守ってきたとも言える。最初の取材の時は、小学6年生だった少年が [写真5·1]、中学2年生になった2年後に「再会 浪江のこころ」として、再取材したケースもある。どこかあどけなかった少年が、しっかりとした面持ちとなった姿に取材者側が感激させられた。『通信』の取材を受けた際には、「浪江にはもう帰れない」とおっしゃっていた方が、1年後、「今は、浪江町に帰りたいという気持ちが強いです」とおっしゃったこともある。『通信』の取材を受けたことで、震災後、初めてこれから先のことについてご家族で議論できたことや、ご夫婦でお互いが考えていることを初めて知ったというケースもある。『通信』は、単に町民の言葉を文章として掲載するだけではなく、町民一人ひ

群馬県

長竹 麻弘くん（小6）

取材：高崎経済大学 櫻井・山下 櫻井常矢研究室

浪江小の校歌を忘れたくない

僕は、震災後3日目に親戚のいる群馬県伊勢崎市に避難してきました。それからは、おじいちゃん、おばあちゃんも一緒にずっとこのまちに住んでいます。

今、通っている小学校に福島県から避難してきた人は僕ひとり。だけど、新しい友だちがたくさんできました。「マヒロ！」と友だちが僕の家までいつも誘いにきてくれます。休みの日は朝から夕方までずっと楽しく遊んでいます。6月5日から横浜や鎌倉への修学旅行も始まります。

この前、関東に避難している浪江町の友だちと東京・上野で会いました。懐かしかったし、できたらもっとたくさんの浪江の友だちと会いたいです。みんなはどこにいるのかな。担任の井戸川先生にも会いたいな。

こっちの小学校の校歌を歌うたびに、なんだか浪江小の校歌を忘れてしまう気がして、一度お母さんと大きな声で浪江小の校歌を自分の家で歌ったりもしました。以前のように浪江の中央公園で野球をしたり、剣道や習字を習ったり、サンプラザに買い物に行ったり、浪江町に帰って普通の生活がしたいです。それまで家族と一緒に助け合っていきたいです。来月からは、僕が得意な習字の教室に通って元気に頑張っていきます。

▲麻弘くんのおばあさんが取材者のために作ってくれた手芸品。

広報なみえ 2011.7.1 (10)

写真5・1 浪江のこころ通信（『広報なみえ』2011年7月1日号掲載紙面より）

とりに寄り添うことを大切にしながら、生活再建や復興への地道な人びとの歩みとその変化を見守ってきている。

3 浪江町復興支援員事業と中間支援組織ネットワーク

東日本大震災の特徴の一つが、被災者の分散避難である。津波被害によって地域が全壊した岩手、宮城の沿岸部を中心に、仮設住宅等の集積が困難な地域特性や、高齢者や体の不自由な方から優先的に仮設住宅への入居を進めたことなどから、従前のコミュニティ関係を維持できないまま分散して暮らしている。原発事故被災地の福島県双葉郡周辺の自治体では、この避難エリアがさらに県域を越え全国に拡大していることになる。

過去の震災の経験から仮設住宅等への支援、あるいは仮設住宅を受け入れるコミュニティへの支援の手は、行政、民間双方から豊富にあるものの、

在宅避難者や借上げ住宅生活者を含めて従前の地域コミュニティとの関係やその再活性化を促進する役割は、それまでの震災復興に向けた取り組みにおいて希薄であった。被災生活における（個人の）自立支援を意図した生活支援員（社会福祉協議会）とは異なる、人びとのつながりを含む地域コミュニティの再生を目的とした人的支援の不在である。

　こうした人的支援策として、日本では新潟県中越地震（2004年10月23日発生）の「地域復興支援員」の経験がある。2007年から実施され、これまで51名の地域復興支援員が展開している。こうした経験に学びつつ、東日本大震災では震災直後には「復興まちづくり推進員」として南三陸町や東松島市に設置されるなどのモデルケースをふまえ、2012年に復興支援員（総務省）が制度化されている[註3]。地域のつながりやコミュニティの再生は被災者の自立した生活再建にとっての必須課題であるが、しかし復興支援員を配置したからと言ってそれが成就するわけではなく、広域分散避難となればなおのことその効果的な運用に向けた仕組みづくりが求められる。すなわち、復興支援員の活動を支えるシステムの構築である。

制度導入から本格展開へ

　浪江町では、2012年7月より復興支援員（以下、浪江支援員）を千葉、山形に各3名ずつ試行的に導入している（その内5名が浪江町民）。当初段階の浪江支援員は、公益財団法人東北活性化研究センター（以下、活性研）との連携のもと町単独での事業として実施されている[註4]。設置当初の浪江支援員には、①県外避難町民同士を「つなぐ」ために、交流・話し合いの場をつくること、②避難町民と町行政をつなぐ連絡・調整、③避難町民の主体的コミュニティ活動を支援することが主な役割とされた。

　復興支援員は、集団移転を前後したまちづくりや地域コミュニティ再生を意図した人的支援策であり、浪江町のように全国に避難する人びとをつなぐ役割としての有効性や、各地に活動拠点を設置した場合の円滑な連絡・調整が可能なのかについては未知数であった。浪江町では、この当初段階

での活性研から千葉、山形の拠点となる中間支援組織（以下、拠点組織）
への委託という形が浪江支援員体制の原型となり、他に例を見ないその後
の浪江町モデルを独自に形作っていく。2013年度からは、活性研に代わ
り東北圏地域づくりコンソーシアム（以下、東北こんそ）が全国5ヵ所の
拠点組織のコーディネート役（以下、コーディネート組織）となり、全
13名の浪江支援員が本格始動し、さらに翌2014年度には全国10拠点、全
28名の浪江支援員が全都道府県に展開することとなる。

コーディネート組織の働きかけ

　浪江支援員は町行政からの直接雇用であるため、個人情報を持つことが
できる。一方で、それを支える拠点組織等の仕組みについてはコーディネ
ート組織への一括委託の中で組み立てられている。浪江町復興支援員事業
では、浪江支援員を直接サポートする拠点組織、そして拠点組織や支援員
同士の横のつながりをつくるなど、この支援体制を包括的に支えるコーデ
ィネート組織という中間支援組織の連携によって実現していることがポイ
ントとなる［図表5・1］。

図表5・1　2014年度浪江町復興支援員推進体制（筆者作成）

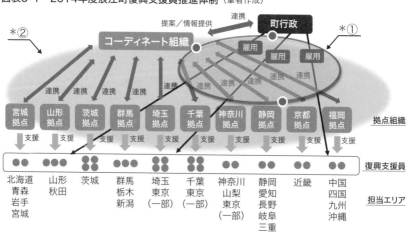

コーディネート組織の主な役割として、第一は拠点組織の定期訪問と情報の共有である。拠点組織、支援員双方からの情報収集と調整を行っている。例えば、拠点組織と支援員との関係は、必ずしも円滑なものばかりではない。双方の様子から課題を把握し、町行政への伝達と同時に支援員からの相談に応じたり、支援組織に対する解決策の提案などを進めている。第二が、浪江町復興支援員推進会議（以下、推進会議）の企画運営である。これは、支援員、中間支援組織、町行政を集めた全体での定例学習会である。推進会議では、支援員活動から見える町民の様子、交流会企画など支援員としての取り組み方、支援員が直面する課題や悩みの共有などが行われている。「思ったように交流会に町民が集まらない」「町民から様々な要望を受けてしまい対応に苦慮している」など、支援員が抱える課題等を吐露し、具体的な対応策をお互いの議論を通じて導き出す場である。誰もが確信の持てる処方箋がないからこそ、支援員、拠点組織、コーディネート組織、町行政がフラットな関係の中で、ともに考え、模索し、次の展開を生み出していく協働関係がそこにはある［図表5・1＊①］コーディネート組織は、一貫してそうした環境をつくることを重視している。そして第三が、拠点組織だけでは対応できない広域的な課題、行政機関等への対応である。

　浪江支援員は、時間の経過とともに現れる町民の変化からいくつもの課題に直面していく。例えば、町民の交流会、茶話会における参加者の固定化、度々の電話連絡に出ていただけない（時に門前払いされる）町民への対応、精神的問題を抱えている（と思われる）町民へのサポートなど実に多くの課題があげられる。支援員もまた町民であるため、どうしても感情を被災者に重ねようとしてしまうが、それでは向き合う町民の悩みを一人の支援員がすべて抱え込むことになり、かえって支援者の役割が果たせない結果となってしまう。支援員は、町民に対してどのように接すればよいのか。被災者の自立支援とはどのようにあるべきなのか。本事業では、支援員自らが自問自答しながら、その悩みを共有し、議論を繰り返し、自分たちの役割を構築していくプロセスこそを大切にしている。したがって、

コーディネート組織は、支援員や拠点組織に対して具体的な取り組み方などを提示することはなく、あくまでも各人が考え、悩み、話し合い、そして前進して行くための環境を丁寧に作り上げるのである。こうしたプロセスを通じて、全体の活動状況をふまえ、例えばそれまでの町民の交流の場づくりを重視しつつも、戸別訪問を重点化する形へと支援員の活動スタイルを変更したりもしている。

推進会議から独自の事業創造へ

　支援員には、着任した当初段階からその活動に関する詳細なマニュアルなどは準備されていない。自分たちが今何をすべきなのか。町民が求めているものは何かを支援員自らの力で明らかにしていくプロセスの意義を確認したい。推進会議は、その全体共有を図りながら支援員活動の手法を自分たちのものにしていく場である。これらを通して構築されてきた活動方法について、千葉県駐在浪江支援員の取り組みから見てみる。

　その一つが同行訪問である。これは町民が生活する（避難先の）自治体・地域の保健師、民生委員等と支援員が一緒に町民宅を訪問する方法である。精神的ケアの必要な町民への対応であると同時に、支援員事業がこの先終了したあとも当該地域で安心して暮らしていける仕組みづくりでもある。千葉県駐在の支援員Oさんは、次のように発言している[註5]。

　「町民の声を聴けば聴くほど、何もできない自分を知り、初めは苦しい日が続いた。でもあるとき、自分は何もできないのだから、できる人や団体に力を借りるべきではないか。そのことに気づくと気持ちが楽になったし、自分の役割が見えた気がした。そこから生まれたのが同行訪問です」。

　もう一つの活動方法が、町民の交流会事業"ご近所ですよ"である。これは、近距離に暮らす町民が少数で集まる交流の場である。通常、町民の交流会はダイレクトメール等で周辺に住む町民に告知し、茶話会や食事会、学習会、コンサート、観光地めぐりなどを盛り込みながら大掛かりに開催される。一方で、震災後3年目を迎えた頃から、交流会への参加者の減少

と固定化が課題となってきていた。しかし浪江支援員は、戸別訪問を通して町民の声を重ねて聞く中で、交流会への本当のニーズに気づいていく。町民は交流会に対して、決められずにいる自分の生活のこれからを描くために参考となるような少人数での率直な意見交換の場を求めていたのである。それは大人数が集まる場で話せることではなく、少数が膝を交えられる場だからこそ実現できることに辿り着く。ここから生まれた"ご近所ですよ"は、その後の各地の交流会企画の大きなヒントとなっていく。

　支援員は、互いの悩みを共有し、考え、話し合い、徐々に支援員の役割を自らの力で描くことに成功していく。こうした実践に基づく支援員像の構築が、浪江支援員事業の特質の一つであり、拠点組織である各中間支援組織にもその考え方が貫かれている。支援員は、誰かに教え込まれる客体なのではなく、課題解決の主体であることを実践を通じて確認しながら、まさに「被災者（支援員）が主体となる復興」が具現化されていく。

4　中間支援組織の重層化の意義

　ここまでの議論をもとに浪江町復興支援員事業における中間支援組織の役割を整理してみる。第一は、支援員を直接的にサポートする拠点組織の存在である。拠点組織は、当該地域周辺の行政、社会福祉協議会、その他関係機関・団体と支援員とのつなぎを行う。また、支援員はその精神的負担が小さくないため、相談やケアなどにも対応する。拠点組織は、こうして支援員に直接寄り添いながら、関係機関との連携を促しつつ支援員の役割とは何かをともに模索していく。

　第二は、コーディネート組織の役割である。コーディネート組織は、拠点訪問や推進会議を重ねながら、支援員、拠点組織相互のノウハウや情報の共有を促していく。ともに学びあう環境を醸成しつつ、それぞれの役割の発見と共有を繰り返す場を整え間接的に支援している。

　そして第三として、こうした中間支援組織の重層構造を通して、支援の

あり方に関する理念の一貫性を確保した協働型震災復興を実現していることである［図表5・1 ＊②］。浪江町では、支援員、中間支援組織、町行政の水平的関係を維持しつつ、実践をふまえた支援者像の構築を重視していた。行政などがあらかじめ支援員の役割をマニュアルとして明示してしまうのではなく、推進会議を通じて最前線にいる支援員からの情報をもとに議論を組み立てるなど、被災者の課題やニーズに基づいて支援員の活動を組み立てるという丁寧な歩みを進めている。先の見えない、答えのない震災復興の道程にあるからこそ、ともに考え、悩み、話し合い、創造するという協働のプロセスが求められるのであり、コーディネート組織はそうした環境を整えることに終始する。復興支援員としてなど、復興の担い手となる町民一人ひとりの力によって構築される復興のあり方は、拠点組織、コーディネート組織という中間支援組織の重層的なサポートを通してこそ実現されていたと言える。

註

1 県外避難者の県別内訳（2014年11月30日当時）は、茨城（951人）、東京（921人）、埼玉（746人）、宮城（685人）、千葉（551人）、栃木（471人）、新潟（470人）、神奈川（457人）の順となっている。
2 調査は、浪江町、福島県、復興庁の共同実施。調査対象者は世帯の代表者で回収率が59.5％。なお、その1年前の2013年8月実施の調査では、「戻りたい」18％、「判断がつかない」37.5％、「戻らない」37.5％、「無回答」6.2％であった。
3 復興支援員の制度化に至る経過については、櫻井常矢「震災復興・地域コミュニティ再生と中間支援システム―復興支援員の展開過程をもとに―」『日本地域政策研究』第14号、日本地域政策学会、2015年、4-11頁参照。
4 浪江町復興支援員の導入段階は2012年7～12月であり、シンクタンク機関である(公財)東北活性化研究センターの復興支援プロジェクトとして始まる。復興支援員は浪江町の直接雇用、そして拠点組織への管理業務は活性研からの委託事業として実施されている。詳細は、(公財)東北活性化研究センター平成24年度プロジェクト支援事業「福島県浪江町の復興のまちづくり支援」活動記録報告書（2013年3月）参照。
5 2014年5月11日、2014年度第1回復興支援員推進会議（福島市）にて、新たに着任した支援員を前にした発表内容をもとにしている。

6章

浪江町県外被災者支援事業と中間支援組織

鍋嶋 洋子

鍋嶋 洋子

1　浪江町復興支援員事業 ―学び合う関係のなかで―

　東日本大震災の東北被災地の映像は、誰もが忘れることはないだろう。津波で多くの家屋が流され、人命が失われた。そして、続く原発事故についての報道に無力感を覚えるとともに、被災した人たちの役に立つことがないか、できることで支えようという思いを抱いた。中間支援組織として活動して10年余り、公設の市民活動センターの業務が不採択になり、活動の柱の一つをなくし、思いと業務の基盤となるものの再構築が必要な時期でもあった。

　「浪江町から避難している方たちに、被災時の状況とその後の避難の様子、まちへの思いを聞き取り、記事にしてほしい」という依頼を受けて、震災の年の夏から『浪江のこころ通信』の取材を始めた。団体の当時の事業の設えは、NPOの運営や社会的テーマと思われることを題材に講座等の企画を開催し、学習、交流の機会を作るといったものがほとんどだった。『浪江のこころ通信』の取材は、震災により関東圏に避難して暮らす方たちの避難先の住宅を直接訪問し、震災当時の状況、その後の避難生活の状況や思いをお聞きし文章にするというもので、それまでの事業の設えとは

違ったものだった。アウトリーチ型と言って良いのかもしれない。

　東日本大震災に限らず、被災した方に「大丈夫ですか？」と問いかけると、たいがい「大丈夫」という回答をされる。自分よりもっと辛い思いをしている人がいるのではないか、という思いから、困りごとや思いを自分の中に閉じ込めてしまうことが多い。通信の取材では、体験されたことや思いをそのままお聞きすることを大事にしていた。原発事故により、避難した際の体験内容はお一人ずつ違うが、一様に避難は一時的なことですぐに帰れると思い、身の周りの荷物だけをまとめて避難したこと、いくつもの避難場所を転々としながら自分と家族の安全を最優先にして避難したこと、そして浪江町への愛着は変わらず話されていた。原発事故や避難先についての情報提供や対応が十分ではなかったと思える状況だったが、国や町への怒りよりは、避難できてここにいるという安堵感と自分の意志によらず長く暮らした家や土地から離れざるを得なかった哀しみのほうが大きいように感じた。震災の年の夏、取材に伺うと多くのお宅は玄関ドアが開け放たれていた。「浪江では海からの風が涼しく、玄関を開けておけば風が抜けてクーラーいらずだった」「隣近所とは顔見知りで、お茶をしたり声を掛け合う暮らしだったので鍵はかけたことがなかった」と、初めて会う私にも穏やかな口調で話してくださる。浪江町の豊かな自然環境と隣近所との交流を大事にした暮らしについて、幾人もの方からお聞きする中で、都市部の暮らしではなくなってしまったモノ・コトにも気づかされた。

　浪江町の人口は、震災前は2万1千人を超え、被災市町の中では大きい町の一つだった。原発立地自治体ではなかったこともあり、自治体がバスを仕立てて避難するということにはならず、できるだけ遠くに避難するように役場から促されて個々の町民がそれぞれの判断で避難することになった。千葉県内にも多くの町民の方が避難されてきたが、その方々を「浪江町復興支援員事業」を通じて支援した。復興支援員は浪江町からの被災者や、支援員事業に関心を持つ市民を対象に公募を行った。いずれの支援員も被災者への共感度が高く、支援する側・される側の別なく、フラットな

関係での支援ができたと思う。

　支援員の活動を私たち中間支援組織がサポートすることで、行政をはじめとする公的な支援機関や、民間の支援組織等と連携した支援が可能になった。支援員が当事者であることは、何度も避難先を転々として心身ともに大変な思いをし、避難先で自分の思うような暮らしができないといった経験を共有していることから、被災者への共感度が高いという利点があった。一方で、避難先・被災者周辺の情報や、行政・民間の支援者との連携という点に課題があり、そこに中間支援組織の役割があった。避難先で暮らす町民の困りごと、例えば、避難先で福祉的なサービスを受けるには、どうしたら良いのか、誰に相談して良いのかといったことに対して、避難先の行政や支援機関についての情報等を共有するなど、町民一人ひとりの状況に沿った支援ができるようにサポートした。

2　浪江町復興支援員推進会議 ―気づきを事業に反映―

　浪江町復興支援員事業の特徴として「フラットな情報交換」「気づきを事業に反映できる」ということがあった。復興支援員とその活動を支援する中間支援組織のメンバーを対象として、「復興支援員推進会議」が、年に数回、全国各地で対面、宿泊型で開催されていた。

　この会議の特徴として、事業についての大きな方向性の共有はあるが、業務内容の指示はないということ。それぞれの地域で、被災者の状況に寄り添った支援をどう進めていくかということを、支援員と支援団体が同じテーブルでの「グループディスカッション」を通じて意見交換していくというやり方だった。グループディスカッションは、同じ拠点のメンバーでグループになることもあったし、他の拠点のメンバーが混ざって話し合うこともあった。そうした情報交換を重ねる中で、それぞれの気づきがあり、その中から事業を作り出していく場だった。

　その結果、千葉では、避難者同士互いにどこにいるか分からない状況を

変えるために、身近な場所で、交流できる人をつなげる"ご近所ですよ"という小さな交流会をしたり、困りごとを抱えた被災者宅に支援員と保健師などの専門家が同行する「同行訪問」といった活動を行ったりした。推進会議の中で、コミュニティ、避難先の状況、町民の方の想い・不安なことなどを復興支援員と中間支援組織とで話し合い、避難者の抱える課題を整理し、どんな支援ができるのだろう、必要なのだろうということを考え、活動を組み立てていった。ともすると、支援の行き詰まりを感じることもある中、推進会議を通じて県域の枠組みを越え意見交換を行い、それによって新たな視点、活動の具体的なヒントを得ることができた。

　支援員のOさんは、相対する町民一人ひとりの思いや困りごとを丁寧に聞き取り、状況に沿って保健師や行政の窓口につなげるといった役割を果たしてくれた。しかし、時に被災者の立場や状況に共感し過ぎ、行き詰まり感で自分の気持ちのコントロールができなくなってしまうといったこともあった。私たちも加わって、被災者の状況ややり取りの内容を検討するケーススタディを積極的に行うことで、支援員が一人で抱え込まないようにした。被災当事者でもあるKさんは避難当事者でもあったので、賠償・補償の手続き書類について、分かりやすく説明し申請のサポートをするといった役割を担ってくれた。東日本大震災の少し前に経営していたスーパーを閉じたKさんは、知人も多く明るく穏やかな性格で、知っていることを分け隔てなく教えてくれた。浪江町のことや賠償・補償の申請手続きの内容など、町民でなければ分からないことも多くあり、支援の内容に反映することができた。

　大切にしていたのは、誰のため、何のための事業なのかということ。できること、すべきことを直接、被災者に関わる支援員やサポートする中間支援組織が認識し、実践することでより有用な支援が実現できたと思う。復興は被災者主体で、支援員や中間支援組織は自分たちが支援する側という一方的な思いでなく、浪江町・町民の仲間であり、応援団であるといった意識になっていった。

3 浪江町復興支援員事業の成果と課題

　避難直後、町民の皆さんが不安で戸惑っていた段階から寄り添い、支援ができたことは大きな意味があったと思う。避難先の地域情報が少ない中、個々の情報収集、判断によるばらばらの避難となり、避難先でも、浪江町役場からの情報は、郵送とタブレット中心といった状況に置かれた。震災以前のように役場に行って、担当者に直接聞く、あるいは隣近所や友人に聞くといったことができない中、復興支援員に相談し、支援してもらえるといったチャンネルを持てたことは、不安の軽減や生活再建を促すことにつながったと思われる。また、知人・親戚の避難先が分からないこと、生活習慣・文化の違い、情報が得にくい孤独感・孤立感、避難先での就労の困難さ、補償・賠償に頼る暮らしといった町民が抱える課題に対して何ができるのかを考え活動を積み上げていった。

　被災地での除染が進み、浪江町では、2017年3月に帰還困難区域を除いて、避難指示が解除されている。震災から6年を経て、「帰りたくても帰れない町」から「帰ることができる町」になったが、避難先での暮らしは一時的なものではなくなっていた。震災により、それまでの暮らしの中で培ってきた様々なつながりが一度に断たれてしまい、避難先で改めて構築することの難しさは幾ばくか。被ばくの懸念や賠償への偏見を恐れて、周囲に、福島県からの避難者であることを隠しているという話を聞くことも少なくなかった。避難者それぞれが様々な思いを抱えつつも、就労や子どもの就学等、生活の基盤を整えて過ぎた6年間。帰りたいという思いがあっても、家族の事情や被災元の医療施設や福祉施設への不安等と合わせて、帰ったとしても震災前と同じ暮らしはできないことは分かっている。現状を受け止めて、避難先での暮らしを選択する人がほとんどだった。

　避難指示が解除されても、町への帰還者数は1割強、県外への避難者もまだまだ多い中で、2018年3月に「浪江町復興支援員事業」は終了してしまった。この終わり方は残念だった。震災前は、多世代で暮らす世帯も多

かったが、避難により、単独世帯化が進み、高齢化、核家族化、単身世帯化といった課題が顕著になっていくと思われる。地域とのつながりが薄い町民も多い、町民同志や地域とのつながりを後押しする復興支援員の役割は大きい。復興支援員の活動の中で、積み上げてきた町民一人ひとりの暮らし支援の記録を町の施策に活かすとともに、今後の災害における広域避難者支援に反映できたらと思う。

　一方で、浪江町役場の運営の困難さも感じる。本来、町政とは、町というエリアの中に暮らす町民のマンパワーを基盤に行われるもので、多くの町民が町外で暮らす状況が続く中、町政の方向性を定めるのは難しいことが想定できる。時間の経過とともに「どこにいても浪江町民」をかかげることの難しさを思う。福島県内外に避難した町民の支援と合わせて、町内のハード、ソフト両面の復旧、復興をどう進めるか、国や福島県との調整もしながらの町政の困難さを改めて思う。

4　中間支援組織として ―支援の輪を広げる―

　千葉県内では、浪江町復興支援員事業以外にも、福島県からの避難者を支援する活動団体がいくつか生まれた。そうした団体は、避難元自治体とのつながりが薄い、開催する交流会等の企画の参加者の固定化といった課題があったので、大学所属の団体や福島県、千葉県の行政担当部署、復興支援員にも呼び掛けて、活動内容や課題について情報交換・共有することを目的に「情報交換会」を継続開催してきた。開催を通して、千葉県内に避難して暮らす方たちの様子と対応するそれぞれの組織の活動内容についての理解が深められるとともに「情報交換会」の参加団体をメンバーとして実行委員会形式で「縁joy交流会」を年に1～2回開催、市町村域を越えて多くの被災者が交流する場を作ることができた。「縁joy交流会」では浪江町や双葉町、大熊町の伝統芸能を福島県内外の避難先から集まった人たちに披露してもらうといった企画も実施、会場のあちこちから「久しぶり

だね、元気だった。会えて良かった」という声が聞かれた。

　NPOクラブでは、浪江町復興支援事業を継続する中で、浪江町以外の福島県の他市町村からの避難者も含めた支援が必要と考え、2013年度から福島県の委託事業や補助金事業を継続実施してきた。震災から12年、福島県の施策や広域避難者への対応の変化が事業名からも読み取れるように思える。2015年度までの福島県の委託事業には、事業名に「ふるさと」「きずな維持」という言葉が含まれていたが、2016年度から2017年度の事業では「きずな維持」が抜けて「交流相談事業」となり、2018年度からは「県

図表6・1　NPOクラブ福島関連事業まとめ

2011年3月11日　東日本大震災発生
2011年8月〜2022年3月　浪江町広報『浪江のこころ通信』の取材
福島県浪江町から関東圏に避難している町民の震災時とその後の状況、「思い」を取材することで、町民のこころをつなげ、記録を残すことを目的にして実施。取材記事は町の広報紙に併載された。
2012年9月〜2018年3月　浪江町役場復興支援員千葉県駐在サポート事業
町民の生活不安の軽減、生活再建のサポートを行うために「支援員」を配置。支援員のサポートを行う。当初は、山形県、千葉県に配置。最終的には全国7ヵ所に配置された。
2013年6月〜2016年3月　福島県ふるさと・きずな維持・再生支援事業
浪江町も含め福島県から避難して暮らす人たちの支援を目的として実施。千葉県内で支援活動を行う他の団体とも連携、協力して、避難者の暮らしを支援。
2014年6月〜2016年3月　福島県ふるさとふくしま帰還支援事業
避難者、支援者といっしょに被災地を訪問、除染活動、復興の状況など「被災地のいま」を確認するバスツアーを開催。
2016年6月〜2018年3月　福島県ふるさとふくしま交流相談支援事業
被災地・被災者支援イベント「縁joy東北」の開催、情報紙『縁joy東北』の編集・発行、支援団体間の情報交換・課題共有。
2018年4月〜2021年3月　福島県県外避難者帰還・生活再建支援補助金事業
被災地・被災者支援イベント「縁joy東北」の開催、情報紙『縁joy東北』の編集・発行、支援団体間の情報交換・課題共有。
2018年4月〜現在　福島県県外避難者への相談・交流・説明会事業
福島県県外避難者相談センターを開設、相談対応や交流を促す企画等を実施。

■ 浪江町に関する事業　　□ 福島県に関する事業

外避難者への相談・交流・説明会事業」に変更されている [図表6・1]。震災直後、「きずな」という言葉が多く聞かれた。人と人のつながり、住まい、土地とのつながりが分断される中、避難元の住民同士でのつながりをどう維持するかということを事業のテーマに、一人ひとりが望む暮らし方を実現できるよう、地域の人とのつながり作りや福祉的な支援等、様々な制度やサービスについての情報提供を行っていくことが必要だと思われる。一方で「震災さえなかったら、原発事故がなかったら」という被災者の思いを忘れてはいけないと思う。「本音は、被災者同士でなければ話せない」という言葉を受け止め、気兼ねなく話ができて楽しめる町民交流の機会を作っていくことも大切である。震災から12年あまり、避難指示が解除されても帰ることが難しい状況が続く中、今後もできる形で避難者支援の活動を継続していきたいと考える。

5 中間支援組織としてのこれからの役割
―事業の視点は当事者のなかに―

　NPOクラブは、生活クラブ生活協同組合千葉の活動・事業を基盤にして、2000年に設立している。特定非営利活動促進法が制定され、当時の堂本県知事が「NPO立県千葉」を唱えた時期で、県とNPOとの協働事業が積極的に進められていた。NPOクラブは、県域の中間支援組織として、NPO法人を対象にしたマネジメントや会計処理の講座の開催や相談事業を県との協働事業として実施、事業規模は小さくなっているが、現在も継続実施している。団体設立から約10年、東日本大震災以降、活動・事業の対象が団体だけでなく個人に広がった。それまでは、講座の開催や官設の市民活動支援センター等での相談対応を通して、団体の運営を支援することが主となる活動・事業だったが、避難者個人の相談に対応し、必要な支援を行うといった活動も加わり、団体の役割、機能も変化してきた。

　団体設立から20余年、特にこの10年間の社会の変化は大きいと感じる。

千葉県においても少子高齢化が進み、自治会や子ども会等の地縁型組織の加入率の低下、担い手不足が顕著になっている。農村部の自治体においては、10年ほど前から「地域運営組織」の設立支援の取り組みが始まっているが、行政主導で作ったけれども機能しない地域運営組織も少なくない。住民自らの気づき、課題認識を反映したものであり、当事者性、地域性に沿ったものになるような支援施策にすることが必要で、浪江町復興支援員推進会議の中でもキーワードになっていた「フラットな情報交換」「気づきを事業に反映」といったことを基盤にすることが大事だと考える。

　これまで、NPOクラブでは市町からの依頼を受けて、地域運営組織設立に向けたワークショップの開催支援や設立後の運営支援などに携わってきた。しかし、いずれも継続的なものではなく、成果が見えにくいものとなっている。コミュニティ再生に向けた組織の運営を支援するには、そこに住み暮らす人たちに寄り添い、意見を引き出し、まとめ、形にしていくといったプロセスに関わることが大事だと思われる。団体設立以来、県域の中間支援組織として、複数の市町や団体と連携した事業や市民活動支援センター等の運営を通した地域づくり支援を活動・事業の柱としてきた。市町を限定し、直接的に住民と関わり、コミュニティ再生に向けた活動を継続的に支援するといった機会はほとんどなかった。地域社会が変化する中、県域の中間支援組織としての役割がどこにあるのか、今後のテーマとして考えていきたい。

7章 避難者支援の経験から学んだ 「中間支援」の立ち位置

畠山 順子

1 市民活動支援の仕組みを基に始まった 広域避難者支援

　NPO法人あきたパートナーシップは、市民活動を促進し、市民と行政とが協働してまちづくりを進める市民参画社会を構築することを目的として、2002年5月に設立された団体である。設立当初は県医師会と連携して医師と患者のパートナーシップを築いていくための患者塾、健康塾といった支援活動を行っていた。

　設立から4年目である2006年度から、秋田県が趣味やスポーツ、生涯学習、ボランティアといった余暇活動を支援する拠点として設置した秋田県ゆとり生活創造センター遊学舎の指定管理者となり、中間支援組織としての取り組みが本格化することとなった。

　また、秋田を元気に豊かにするためには、市民主体の様々な活動が必要となる。そのような団体の活動を資金面から支援することを目的に2009年1月にNPO、行政、企業が参画し「あきたスギッチファンド」を設立した。市民・企業からの寄付金や県補助金等を原資として助成を行うこの基金からは2023年度までに943事業、1億4400万円の助成が行われている。

遊学舎には自家発電装置があり水もあって、避難所としての機能があったこともあり、東日本大震災発災直後からボランティアに行きたい、何をしたら良いのか、支援の受付部署はどこか、といった問い合わせを多くいただくようになる。ボランティアに行きたい人の登録制度を作ったり、現地に届けたい物資を預かったりしたところから支援活動が始まった。

　現地からなかなか情報が入ってこない中、震災前からのつながりがあった縁で、宮城県気仙沼市を支援対象として現地に支援物資を届けたり、がれき撤去や炊き出しの支援に入ったりした。災害ボランティアや環境系のボランティア団体が現地に入る時にあきたパートナーシップの職員が交代で同行し一緒に活動していた。

　県内の大学教員から、学生がボランティアを希望しているが大学だけでは対応が難しいと相談を受け、NPO、大学、企業、商工会議所、社会福祉協議会等30程度の組織が集まる災害ボランティア活動支援ネットワークあきたを3月31日に立ち上げ、週1回集まっての情報交換が始まった。現地の支援に必要な情報の共有や、学生のための災害ボランティア講座といった活動がこのネットワークを通じて2年程度続くことになる。

　東日本大震災により秋田県内に避難してきた方々への支援活動においては、あきたスギッチファンドが大きな役割を果たした。市民やNPO、企業等から多く寄せられた寄付金や募金活動で得られた募金、自治体の補助金等を受け入れる形で、あきたスギッチファンドの中に震災支援活動団体への支援に助成目的を限定した冠ファンド「東日本大震災避難者支援応援ファンド」を設置し、2016年度までの間に50事業に約2000万円の助成を行った。震災直後はがれき撤去や支援物資の配布、仮設住宅での花植え訪問など現地に赴いての活動が多く見られたが、徐々に秋田県内に避難している方への支援活動が多くなっていった。

　例えば、福島県出身で秋田県内の大学に通っていた学生有志による「ふくしまの集い」は、震災直後に発足し小中学生を対象にした学習支援活動「きびたきの家」を3年間続けた。親たちが大変で子どもたちもわがまま

を言えない状況の中、学習面のサポートに加えて、年齢の近い兄弟姉妹のような関係にある学生と話をする場ができたことで、参加した子どもたちにとって大きな効果があったと考えている。

　また、震災から1年半ほどしてから、子どもを連れて避難していた母親たちから自分たちで会を持ちたいと相談があった。最初は有機栽培で野菜を作りたいということだったので畑を貸してくれる人を探すのを手伝ったりしながら、最終的には2013年秋の「秋田避難者おやこの会」立ち上げにつながった。この会は、同じ境遇の親同士、子ども同士の交流を通して、心のよりどころとなるコミュニティを作っていくことを目指したもので、子どもたちの居場所づくり「夕暮れ子供会」や「料理講習会」といった活動が、ボランティアの協力を得て行われた。

　これらの助成事業を行ったことで、支援団体・NPOがどのような支援をしているかの情報が集まるようになった。どれくらいの規模でどれくらいの事業をやれているのかを事業報告で把握したり、必要な活動が足りないと感じた際には、関係する活動をしている団体に声掛けをしたり、支援団体との連携ができたのはファンドのおかげだと感じている。

　このようなつながりを活かして、2012年度から官民の避難者支援団体・機関（秋田うつくしま県人会、NPO法人秋田パドラーズ、NPO法人あきたパートナーシップ、秋田県・被災者受入支援室等）が福島県からの避難者を支援する連絡協議会を作って支援事業を始めた。避難者が避難先で安心して暮らし、将来の帰還や生活再建につながるよう連携しながら、協議会に参加する個々のNPOが得意分野を活かして、学習支援や家庭訪問、帰還者交流会、世代間交流会などを行っていた。

　例えば、2019年度に開催された「つながる秋田七夕交流会」では、あきたパートナーシップはコーディネートに徹して、バーベキューや音楽といった当日の活動はそれぞれ得意とするNPOにお任せして実施した。子どもの相手をするのが得意な学生グループには短冊づくりをしてもらったり、精神科の先生に来ていただいて相談受付や助言（ほっとサロン）を実

施してもらったりといった連携が機能していた。

2 　中間支援組織が主体となった支援事業の展開

　こうした中間支援の役割に加えて、私たち中間支援組織が避難者支援の主体となる動きも出てきた。

　避難者の声をじっくり伺い、直接関わる機会ができたのは浪江のこころプロジェクト（2011〜2021年度）であった。全国に分散した浪江町民の思いをつなげるため、直接避難者を訪問し話を伺い『浪江のこころ通信』に掲載するという事業である。

　震災の客観的な記録はたくさんあるが、『浪江のこころ通信』は話を聞いた町民の生の声がそのまま残る点が良かった。避難直後は、感情的になって泣かれてしまったり、怒りや悩みをどこにぶつけたらいいのか分からないと話されたりする方々に多く出会った。その後時間が経過し、一緒に避難したあるいは避難先で生まれた子どもたちも大きくなり、それぞれの生活が避難先で根付いていく中で、自らが置かれた状況を少しずつ諦めながらも、このまま全部諦めてしまってはだめだと頑張っている姿を見ることもあった。避難先にいようと決めたとしても寂しさややるせなさ、理不尽さを感じている、まだたくさん故郷の話がしたい、本当は帰りたいという声も聞かれた。

　「浪江のこころプロジェクト」に参加し、深い悩みの中で自身のことを語ってくださる避難者の方々との関わりを持つきっかけを得られたことで、この震災を見届ける役割を担っていく覚悟ができたと思っている。

　その後、日本NPOセンターから依頼があってJCN（東日本大震災支援全国ネットワーク）の「地域調整員」（2013〜2016年度）になったことが、組織として関わっていくもう一つのきっかけになった。秋田県内の支援活動の様子をブログで発信したり、全国の避難者支援団体のネットワーク（広域避難者ミーティング）に参加したりといった活動をしていた。

このような経緯もあってのことと思うが、2016年度からは、福島県の「県外避難者への相談・交流・説明会事業」に参画することになった。全国26ヵ所に置かれた「県外避難者生活再建支援拠点」の一つになり、秋田・青森・岩手に避難された方の支援にあたっている。避難者に直接関わる支援としては、この事業が大きな転換点となった。

　この事業では、「遊学舎」を拠点として電話等で相談対応をしている他、秋田・青森・岩手の3県で相談・交流会、避難者への戸別訪問等を実施している。秋田県内はこれまで築いてきたネットワークで対応できるが、他県ではそうはいかないため、青森県内では青森県庁と、岩手県内では内陸避難者の支援団体等と連携して事業を進めている。

　避難生活が長くなっていることで悩みの質も深くなっていて、生活困窮、DVの不安といった相談もある。もういい、と諦めの言葉を発する人も少なくない。交流会の中でも「家族で避難先に住んで町内会の役員もしているが、自分は福島からの避難者だと言えない、引け目を感じてしまう」とおっしゃる方がいた。日頃の生活では気持ちのやり場がないため、交流会に参加していろいろとお話して発散していかれる方も多い。

　相談のほとんどは、どこか相談先につなぐというより、話を聞くことが主になっている。相談内容の全てが解決にはつながらなくても、話を聞いてくれるところが必要で、現時点ではそれがこの拠点事業なのだろうと思っている。

　2022年度には、拠点事業の対象地域である北東北3県の支援団体の情報交換会を開催した。以前より東北圏地域づくりコンソーシアムが主催している北海道から東北地方の支援団体間の情報交換会や現地視察会に参加してその有用性を感じていたが、改めて、支援者同士が顔を合わせて課題を共有し連携を深めていくことの大切さを実感することができた。こうした連携づくり、可能であれば広域の連携づくりも、中間支援の機能として必要であるし、個々の県内だけでは担い手が少ない分野等では特に重要になっていくと考えている。

3　避難者支援の経験から中間支援組織の役割を問い直す

　中間支援組織として、避難者に直接対応するいわゆる直接支援を行うことは役割が違うのではないかと言われることもよくあった。しかし、中間支援と言っても現場が分からないと動けない。自分たちも現場に行って初めて現場とのつながりができる。そうして得られた現場との信頼関係はかなり密だったと今でも思う。

　災害のことだけではなく子育てでも生活困窮でも、NPOで活動している人から話を聞くだけではなく、自分たちも動いてみて初めて何が必要なのかが分かる。特に緊急の時には、誰かがやってくれるのを待っているのは違うと感じる。まずニーズがあったら中間支援組織が主体になってでも動き、それを持ち帰ってNPOにつなげて関わってもらう、仲間へつなげていくことが大事で、そうしてつないだ先と一緒に動いていくのが、中間支援組織の役割だと思っている。話を聞くだけではなく、現場感を大事にしていきたい。

　ただ、そのような中2023年7月14日から16日にかけて発生した秋田県内の大水害は、私たちが積み上げてきた中間支援の自負を大きく揺るがすこととなった。東日本大震災ですっかり経験した気持ちでいたが、いざ自分たちの地域が被災地になると、状況が大きく違うことがよく分かった。

　10トントラックで一気に物資が届いてしまい、人手がない中その対応に追われたり、災害支援のプロフェッショナルである外部支援団体が支援に入っていただくのに対応したりと次から次へと事態が動き、パニックになってしまうこともあった。これまで行政やNPO等との微妙なバランスの上に築いてきた関係性が、大きな支援の動きが展開されることで壊れてしまうのではないかと不安に感じたこともあった。秋田には秋田のやりようがあるんじゃないかと。

　ただ、少し落ち着いてくると、中間支援の役割として、まずは全体を見

渡すのが大事なんだなということが見えてきた。水害後、県内NPO向けにアンケートを行い、支援を一緒にやりたいと答えてくれたところにはアポを取ってお会いし、一緒に支援するようにしている。秋田市内でも、NPOや関心のある個人がグループを作って、炊き出しや相談会を始めている。あきたスギッチファンドでの支援も、炊き出しの材料費程度になるが動き始めている。

　地域との関係は声のかけ方だと思う。今回の水害でもそうだが、参加してもらえませんかと声をかけられたら誰でも嬉しいと思う。志のある市民だけでなく、これからは避難者も主体として活動に参加していってほしいし、そのための巻き込み作戦も展開していきたい。

4 避難者支援からの学びとこれからの中間支援機能

　秋田県内では、県庁が主体となって"秋田モデル"などとも呼ばれる直営による避難者への手厚い支援を行ってきた。県庁内に被災者受入支援室を置き、そこに避難者を非常勤職員として雇用する形で避難者支援相談員を配置、避難世帯への戸別訪問や、交流・情報拠点となる秋田県避難者交流センターの設置、支援情報紙スマイル通信の発行、定期的な避難者アンケートといった取り組みを行うものである。避難者の個人情報を行政がきちんと管理してきたことも大切なことだった。避難者向けの健康相談事業など当初民間主導で始まった活動が、県が引き継ぐ形で保健師の活動として続いていく、といったような動きもあった。

　ただ県事業はいつまでも続くものでもないため、2018年度から県被災者受入支援室、秋田県社会福祉協議会とあきたパートナーシップ、そしてオブザーバーとして秋田県福祉保健部地域家庭福祉課が参加する広域避難者支援連絡会議を定期的に開催して、今後の支援のあり方について話し合っている。長期にわたって支援を継続していくには、地域コミュニティや

地域福祉の枠組みに支援を移行していくことが必要だと思うが、まだそこは課題として残っている。こうした関係機関との連携と、支援活動をコーディネートできる人材が中間支援の大切な役割だと思う。ただ、そこは私たちだけで行うのではなく、地域の支援団体と直接つながっている避難者も多くいるので、そうした団体との連携ももう一度掘り起こした方が良いとも感じている。

　避難者支援の事業とは別に、地域の課題を解決していくための事業を、県の委託を受けたり県への提案事業として採択を受けたりしながら実施している。その一環で実施している「地域にある小さな拠点」づくり事業では、多様なセクターを巻き込んで協議会を組織し、役割分担をしながら地域に合った誰でも集まれる「小さな拠点」を立ち上げることを目指している。初動ではコーディネーターを中間支援組織が担うが、いつまでも続けるのではなく、バトンタッチしていくのが必要と考えている。

　秋田市内の事例では、一軒家を借りて活動している就労支援の団体から、使っていない部屋があるので一緒に活動できる人たちはいないか、皆で混ざって色々やれるという相談があって取り組みが始まった。実際に支援者として関わる子育て支援・シングルマザー支援等のNPO・市民活動団体に加えて、協働相手として秋田県、秋田市、商工会議所、地区商店街、NPO・市民活動団体、住民等が参加する運営協議会を結成して事業を進めている。

　元々居酒屋の物件だったこともあり、まず厨房を使った地域食堂が始まった。NPO、地域住民、コロナで仕事がなくなってしまった飲食業の方たちが参加している。このように、地域に合った小さな拠点を1件でも2件でも増やして皆さんが集まり、自分のやりたい役割を果たせるような拠点を目指して巻き込み作戦を現在進行中である。

　こうした事業を通じても、上から目線で中間支援と言っているだけでは何もつながらないこと、みんなで課題を共有して次につながっていくことが大切ということを改めて感じることができた。中間支援組織も必要に応

じて、直接地域課題に関わって支援をしていくべきで、地域の様々な関係者をつなげてつながって一緒に活動していくこと、巻き込む力を生んでいくことで課題解決につながっていくのだと思う。

　あきたパートナーシップは、地域で活動する団体の支援に軸足を置くことを常に意識しているし、これからもそこはぶれないようにやっていきたい。地域の団体も私たち中間支援組織も、多くの市民を巻き込みながら、一緒に地域の課題に取り組み、それぞれの立ち位置で自分たちがやるべきことを明確にしていくことが大切なのだと思う。

8章
東北支援での学びを九州に活かす

彌永 恵理

1 支援を受ける側の立場にたった支援の開始

　2011年、東日本大震災発災を受け、福岡県大牟田市社会福祉協議会（以下、市社協）、大牟田市介護サービス事業者協議会、大牟田市障害者協議会の3者は、福祉の現場で働く者だからこそその活動をやろうと、同年4月にプロジェクトを設立。市社協を事務局とし、宮城県南三陸町歌津地区を主とする活動を決定した。

　プロジェクトは、時間軸に沿った「支援を受ける側の立場にたった支援」を活動の柱とし、コミュニティの再生支援を行うこととした。2ヵ月をかけた現地での聞き取り後、津波による塩害で立ち枯れが始まりつつあった杉を材料としたベンチ・テーブルのセットを用いて集いの場（絆ベンチによるお茶っこの場）を仮設住宅敷地内につくり、その場を被災者が主体となって運営していくまで伴走を続けるという支援の概要が定まった。活動主旨に賛同した大牟田市行政もこれに加わり、名称を「東日本大震災復興支援〜絆〜プロジェクトおおむた」（以下、絆PJ）とした。絆PJは南三陸町をはじめとする宮城県内各地に支援員を継続して送り出し、その報告をもとに、徹底した本音での討議を毎週のように繰り返した。活動は市民も

巻き込んだオール大牟田での取り組みへと展開していく。

絆ベンチでコミュニティの再生

　絆ベンチによるお茶っこの場づくりは、企画立ち上げ時から設置調整・運営状況の把握まで、地元のまちづくり組織「すばらしい歌津をつくる協議会」と丁寧な打ち合わせを続け、支援を行う側の自己満足にならないよう心掛けた。歌津地区の塩害杉を用い、同地区の木工所で作製した絆ベンチは、あえて未完成のまま届け、最後の組み立てや設置は、仮設住宅住民に委ねている。抽選で仮設入居が決まった馴染みの薄い住民同士が、言葉を交わしながら自分たちの集まりの場を自分たちでつくる。組み立てが終われば、早速お茶っこが始まる。ベンチとともに友達もできる。友達同士で泣き合え笑い合え、そして未来を語り合える場となることを願った。

　絆ベンチ製作開始から半年が経つ頃には、各地に開いてきたお茶っこの場に愛称がつけられ、ストーブの灯油代は参加者一人ひとりから集められるなど、住民主体での管理・運営が行われ始めた。遠い九州から出かける私たちが、支援者からお茶飲み友達へと立ち位置を替える時だった。

写真8・1　仮設住宅でのお茶っこの様子

一人の百歩から、百人の一歩へ

　絆PJは、絆ベンチによるコミュニティ再生支援が安定し始めた頃から、大牟田でも注目を集めている竹灯籠を用いた支援活動の取り組みを始めている。その目的は、東北では見慣れないイベントを行うことで観光地に人を集め、復興への弾みをつけること、観光客に被災現地を伝える語り部になっていただき、被災地への関心を広めること、被災地の方々へ灯籠製作技術を伝え、被災地自らの手による賑わい創出に寄与することの3点である。竹灯籠祭りの開催場所は、宮城県松島町の国宝瑞巌寺参道とその周辺に決まる。震災前には多くの観光客が足を運んでいた地元主催の祭りとのタイアップとし、細部調整の窓口は松島町観光協会に担っていただいた。

　絆ベンチ活動は、福祉専門家である絆PJ派遣メンバーによる活動であったが、この竹灯籠活動は、あえて多くの一般市民の手を借りながら進める活動とした。祭り支援のため現地に足を運んでいた大牟田のボランティアチーム一同は、自分達の技術が人々の笑顔に直結する様子を実際に見聞きし、それぞれの活動への意欲を高め帰路についた。これは予期せぬ嬉しい四つ目の成果である。翌年、瑞巌寺参道の杉の多くは塩害により伐採さ

写真8・2　大牟田から松島へ出向いたボランティア

れたが、その合間を埋めるように、大牟田の技術を用い地元の手で作られた竹灯籠が並んでいた。

支援から始縁へ

　絆PJは被災現地での活動に併せて、大牟田市内においては活動報告会の開催や、地元新聞社を始めとするメディアに協力いただいての広報活動も数多く行い、支援活動を通じて得られた体験を市民と共有し、支援継続の呼びかけや防災意識の啓発、そして地域コミュニティのあり方について考える機会を提供した。被災地への一方向ではなく、地元大牟田にも還元される双方向性の活動であることを大切にした。

　活動開始から4年、報告会の場にお招きした南三陸町歌津地区のキーマンから、「これまで南三陸町で見聞きしたことを、大牟田を始めとする九州各地に活かしてほしい。そして、これからは、復興への長い長い道を歩む私たちの後ろ姿を、遠くに住む友人として見守ってほしい」とのメッセージをいただいた。かつては支援を受けた、支援を行った双方が、これからは友達同士となる。絆PJは発展的解消をし、新しいご縁が始まった。

2　浪江町復興支援事業との出会い

　絆PJ専従事務局員だった筆者は、2014年から福島県「浪江町復興支援事業（県外避難者支援）」に関わった。この事業の理念である「被災者が主体となる復興」「協働型復興であること」は、まさに、絆PJ活動が大切にしてきたことであり、宮城での経験を福島に活かすことができると思えた。もう一つの理念は「どこに住んでいても浪江町民」である。これまで全く関わってこなかった原発事故による避難という課題に対して、町民でもなく被災者でもない九州の者が、今になって一から学び始めたところで支援の推進ができるのか、という不安はあった。しかし、福祉の現場で日常的に行っているケースマネジメントの手法で、様々な社会資源の強みに

頼り、お一人おひとりに向き合っていけば、これまで手付かずだったという九州を含む西日本への広域避難町民に何らかの対応ができるのでは、との思いを持っての始動であった。

　宮城県内での竹灯籠支援を通じ信頼関係の確立していた小さなまちづくり団体おおむた・わいわいまちづくりネットワークを受け皿に、筆者を拠点運営責任者として、2014年度から事業終了までの4年間に渡り、「浪江町復興支援員事業」では、岐阜県から沖縄県までの27府県を担当する福岡拠点の運営を行った。

浪江町独自手法からの学び

　浪江町復興支援員事業の福岡拠点に所属する復興支援員は2名で、浪江町役場特別臨時職員として雇用された大牟田市民であり、（当初は避難中の浪江町民の雇用を想定していたが、応募はなかったとのこと）2名とも被災者支援や福祉関連の活動経験はなく、福島県や浪江町と何らかのご縁を持たれた方というわけでもなく、ただ純粋に浪江町の力になりたいとの思いで応募されていた。「あえてマニュアルのない支援員活動」が謳われているこの事業は、訪問や架電、交流会を通して町民の声を聴き重ねていくことが基本にある。思いを聞き取り、そこから見えてきた個々人の現状に対応していく活動を、筆者を含むこの体制で始めるには、多少の不安があった。

　この不安を解消してくれたのが、全支援組織を集めて定期的に開催される「復興支援員推進会議」である。広域に点在する各拠点から、担当地域独自の活動報告と支援手法が共有され、また、支援員同士での意見交換が繰り返されたことで、支援員自らが支援のノウハウを取得し、自分の拠点に応じた活動を組み立てられるように成長した。そして、その達成感・自己肯定感が高まることにより、自らモチベーションを保つことができた。拠点組織としても同様である。この事業は、避難者支援を専門にした団体ばかりではなく、むしろ福岡拠点のような初心者が多数参画していたが、

推進会議において参加主体が他団体の考え方等を学んでいくことで課題解決能力を高めていった。

　この取り組みを通して、二つの大切なことを学んだ。一つは、広域避難者への支援であれば広域に拠点が必要となることである。もう一つは、それら複数の拠点運営を効果的に行うためのコーディネート組織の存在が不可欠であることだ。町・拠点組織・支援員の3者が水平的関係で対話を持ち、信頼関係を深めていくための場の設定や、その場における意見が事業の目指すものに反映されるためのサポート、そして、それぞれの主体独自の悩み・課題への対応など、これらがコーディネート組織によって成されたからこそ、全国の拠点・支援員が相互理解のもと活動を継続でき、成果が生み出されたのである。

『浪江のこころ通信』の取材を通しての思い

　もう一つの事業「浪江のこころプロジェクト」には、『浪江のこころ通信』の取材者として関わった。避難者という一つの名詞で括ることなど到底できない、浪江町民お一人おひとりからお気持ちを聞かせていただき、そのまま文字に起こす。取材を受けてくださった方に原稿を見ていただくと、取材時に口にされた言葉でも、それが文字になるとニュアンスが違うと感じられることもあり、また、それがありのままの想いだとしても、他の方の目に触れるとなると躊躇されることもあった。被取材者のお気持ちを汲みながら、何度もやり取りを繰り返した。

　「避難」「帰還」というのは家族の中でもデリケートな話題である。当時の馬場町長がおっしゃった「2万1000人の町民に2万1000通りの思いがある。だから2万1000通りの支援をしてほしい」との言葉は、訪問や取材を繰り返すごとに重みを増した。

　ご夫婦お二人で避難された方のある日の取材。「ねえ彌永さん。僕はさ、寒い間は九州で暮らして、暖かくなったら浪江に住むってことも考えてんだよ」「え？驚くわよね、彌永さん。お父さんったら、そんなこと私には

一度も言ったことないのよ」。二人の中継ぎに私が入って、三人で会話のキャッチボール。帰り際、「また来てね」の意味は深い。

　掲載後にいただくお礼の電話に、薄っぺらい同意の言葉は返せないことも多い。「遠方へ避難したことで、福島県内に残っている親戚との間に言葉にならない溝ができていましたが、『こころ通信、読んだよ』って電話をもらえ、浪江にいた頃のような会話が4年ぶりにできました。取材、受けてよかったです」とのご報告に、ただただ、こころ通信の存在の重要性を思った。通信は、帰らない・帰れない・分からない等、様々な思いを抱えて避難している家族をつなぐ、町民と町民をつなぐものであり、また、思いを口に出し文字にしていく中で、自分自身の心の中を整理する大切なものだった。

　あれだけ大きな出来事だから、町当局への批判の言葉も出るが、役場はレイアウトや誤字脱字の手直し以外は決して行わない。誠実な手法によって思いが残されていく取り組みがなされた。

　しかし、こんなにも丁寧に行われていた「浪江町復興支援員事業」「浪江のこころプロジェクト」は、筆者にしてみれば唐突と感じる終息を迎えた。こころ通信が終わりとなることを伝えての取材は「浪江に帰りたいという記事を読むと、まだ寂しがってるのは私だけではないんだと慰められたし、新たな道で頑張っている方の記事には励まされてきました。でも、終わるんですね」との言葉から始まった。活動を閉じるということの難しさと責任を、身をもって知った。

3　東北での学びを地元に活かす

　発展的解散をした絆PJの後継団体として、2017年2月にNPO法人つなぎteおおむたを設立した。東北支援での学びをもとに、自然災害や人為的災害への備えと対応について積極的に啓発に関する事業を行い、ボランタリー精神豊かな社会の構築に寄与することを目的としたものである。市内

の多様な主体が横につながれる組織であることを目指し、理事は社会福祉協議会、ボランティア連絡協議会、行政、介護サービス事業者協議会に所属の4名で構成された。いずれも東北での活動に汗を流しあった同志である。高齢化・人口減が全国平均の20年先を行く大牟田市にとって、発災時に助け合える仕組みを作ることは喫緊の課題であったので、市民の備災力と支援力の向上のため、自治組織や各種地域団体、社協や行政等と連携しながら、講話やワークショップを通しての活動を開始した。また、設立翌年度から、浪江町復興支援事業の福岡拠点運営を引き継ぎ、同事業終了後は、福島県県外避難者生活再建支援拠点運営者として、現在は沖縄を除く九州7県を担当している。

　つなぎte設立から3年経過した夏、大牟田市を豪雨が襲った。市全面積の26％が浸水し、2800超世帯が罹災した。行政からの要請を受け、市社協に災害ボランティアセンターが設置され、その後、被災市民の生活再建に資する「大牟田市地域支え合いセンター」が開設された。筆者はセンター長として従事することとなり、東北支援時の経験を活かし活動を行った。

　まずは被災者宅へ足を運ぶことから始めた。設立直後で市民に周知されていない支え合いセンターから出かけても、玄関ドアさえ開けてもらえないことは目に見えているので、日ごろから地域に密着しておられる民生委員等にご協力いただき、支え合いセンターの生活支援員とペアを組んで出かける。被害の聞き取りなど硬いことは言わずに雑談でよい。何度も通いおしゃべりするうちに「実は……」と、困りごとが伝えられる。災害前から潜在化していた課題も見えてくる。生活支援員は発災後の年度途中に採用された、災害支援も福祉分野も素人がほとんどであったが、これも浪江事業で経験済みのことである。支援員同士で学び合い成長できるような場を設定し、随時、助言・サポートを行った。支援員は被災者一人ひとりの課題に向き合い、ケース会議を重ね、適切な専門組織につなぎ、生活が安定するまで伴走を続けた。

　個人支援と並行して地域支援も行った。コロナ禍と豪雨被災でダメージ

を受けた地域に元気を取り戻すためのサロンの再開支援である。代表者の高齢化のため被災前から活動が停滞していたサロンや、被災により会場が使えなくなったサロンを、社協と多くのボランティアの協力のもと再開させていった。その場には笑顔の花が咲き、新しく若い担い手も生まれた。

　また、全市民に被災を自分事として捉えてもらうため、被災者に協力いただき、「記憶の記録」と題した記録誌を作成した。ずっと支援を受ける側であった被災当事者が、市民に備えの重要性を伝える側になることで、気持ち切り替えのきっかけになるのでは、との期待もあった。取材は、生活再建までの訪問を続け信頼関係のできている支援員が行った。これもまた、「浪江のこころプロジェクト」の手法である。

　支援側の広域連携の重要性も感じていたところ、各方面から同様の声が上がり、つなぎteも設立発起人となり、2021年3月、「災害支援ふくおか広域ネットワーク」を設立した。これまでに培ったネットワークの組織化を行うことで、互いに顔の見える関係を構築し、平時における備えと災害時の活動環境向上に努めていく。

　つなぎteおおむたは、他のNPOの組織支援ができるほどの力量は持ち合わせず、常駐スタッフも居らずの弱小団体であり、中間支援組織と自称するのはおこがましい。しかし、前身団体時からの経験をもとに、地域に寄り添いながら、地域に人を育てつつ、持続可能な地域社会形成に向けた活動を継続していく。

9章
広域型中間支援機能の展開と
その可能性

高田 篤

　2011年3月に発生した東日本大震災と福島第一原子力発電所事故により、福島県双葉郡浪江町はその全域が警戒区域（発電所から20キロ圏内）及び計画的避難区域（事故から1年内の累積放射線量が20ミリシーベルト［mSv］以上になるおそれのある地域）に指定され、全町避難を余儀なくされた。

　その後除染の進捗等により、2017年3月に帰還困難区域（事故から5年が経過しても年間積算線量が20mSvを下回らないおそれがある区域）以外の区域（町面積の19.7％）の避難指示が解除されたのに続き、2023年3月には帰還困難区域内に設定された特定復興再生拠点区域（町面積の2.96％）の避難指示が解除された。

　しかしながら町の面積の約8割に避難指示が継続している状況に加え、長期に及んだ避難指示の影響により避難先での生活基盤ができたなどの事情が加わり、2023年度に入っても、発災時に町民であった方の約3割が福島県以外の都道府県に、約6割が浪江町以外の福島県内市町村にそれぞれ居住しており、長期にわたる広域分散避難が続いている。

　このような状況に対して福島県浪江町では、分散避難を続ける町民の声を丁寧に聞き取り町広報に掲載することで共有していく「浪江のこころプ

ロジェクト」並びに個々の町民世帯の生活再建や町民同士のつながり・町民と故郷とのつながりを維持していくための「浪江町復興支援員事業」の2事業を通じて支援活動を展開した。

浪江のこころプロジェクトの全期間（2011〜2022年度）並びに浪江町復興支援員事業の一部期間（2012〜2016年度）については、町役場と全国各地の中間支援組織の協働事業として展開されたことが他の被災地域とは異なる特色であった。浪江町復興支援員事業については、プロジェクトに参加する中間支援組織（拠点組織）をコーディネートする立場の中間支援組織（コーディネート組織）として、公益財団法人東北活性化研究センター（2012〜2013年度）と私たち一般社団法人東北圏地域づくりコンソーシアム（2013〜2016年度）が位置付けられていたことも、事業の枠組みとして特徴的であった。

本章では、これらの中間支援組織の機能、特にプロジェクトに関わる中間支援組織をコーディネートする中間支援組織の役割について、浪江町復興支援員事業のプロセスを紐解きながらふり返りその意義を検証したい。

1 　浪江町復興支援員推進会議を軸とした事業展開

福島県外に避難した浪江町民は、見知らぬ土地にバラバラに避難し、旧知がどこに避難したかも互いに分からず、コミュニティが分断され知り合いも少なく、また浪江町の情報・サービスも届きにくいといった多くの生活の不安を抱えていた。浪江町復興支援員は、こうした問題を抱えた町民の支援にあたるため、2012年度に山形県内と千葉県内に配置されたのを皮切りに順次配置エリアを拡大、ピーク時（2014〜2015年度）には全国10ヵ所に配置された。町が雇用する非常勤職員である復興支援員と、配置先で活動する中間支援組織（拠点組織）が協働で支援活動を展開する枠組みである。

浪江町復興支援員の主な役割として当初は、県外避難町民同士を「つな

図表9・1　浪江町復興支援員の配置状況と拠点組織

拠点	中間支援組織	所在市町村	支援員数	支援員設置期間
宮城	一般社団法人東北圏地域づくりコンソーシアム	仙台市	2〜3	2014〜2017
山形	認定NPO法人山形の公益活動を応援する会・アミル	山形市	2〜3	2012〜2015
茨城	認定NPO法人茨城NPOセンター・コモンズ	水戸市	4	2014〜2017
埼玉	一般社団法人埼玉県労働者福祉協議会	さいたま市	4	2013〜2017
千葉	認定NPO法人ちば市民活動・市民事業サポートクラブ	千葉市	3〜4	2012〜2017
群馬	NPO法人高崎こども劇場	高崎市	2〜4	2014〜2017
神奈川	認定NPO法人藤沢市市民活動推進連絡会	藤沢市	2〜4	2014〜2017
新潟	NPO法人新潟NPO協会	新潟市	2	2013
静岡	NPO法人たすけあい遠州	袋井市	1〜2	2014〜2015
愛知	公益社団法人青年海外協力協会中部支部	名古屋市	2	2017
京都	一般社団法人関西浜通り交流会	京都市	2	2013〜2015
福岡	NPO法人おおむた・わいわいまちづくりネットワーク NPO法人つなぎteおおむた（2017年度）	大牟田市	1〜2	2014〜2017

ぐ」ために交流・話し合いの場をつくる（人をつなぐ）、避難町民と町行政をつなぐ連絡・調整（情報をつなぐ）、避難町民の主体的コミュニティ活動を支援する（みんなで問題解決に取り組む機運・仕組みをつくる）といったことが想定されていた。活動を継続する中で、避難者の抱える個別の問題が見え、身体や心に不安を抱える人に個々に寄り添い丁寧に対応する必要が生じてきた等の理由から、支援員の活動内容は徐々に次の5点へと収斂していく。

・町民への戸別訪問による状況把握（要ケア者と専門機関とのつなぎ）

・交流会、サロン等の開催（避難町民同士のつなぎ）

・避難先自治体・支援団体との連携（避難先地域と町民とのつなぎ）

・情報収集と提供（町の情報を町民へ、町民の悩み・問題を町へ）

・情報発信（ニュースレター、ブログ、メディア取材対応等）

　復興支援員は当初は、配置地域に避難している浪江町民を雇用することを想定していたことから、支援に関しては未経験者が多いと想定された。また配置地域の情報・ネットワークをあまり持っていないと考えられたことから、そこを補う意味で拠点組織に期待する役割が大きかった。

拠点組織の役割として当初は、支援活動に関わる支援員からの相談に対応することや支援員の日常の支援業務のマネジメントを行うこと、支援員の執務場所（活動事務所）を提供すること、といったことが想定されていた。この役割も事業の進展により、支援員配置先の支援組織や自治体、社会福祉協議会等とのつなぎ役や、活動の進捗管理やアドバイス、支援員へのケアといった直接サポートが追加されていった。

　こうした事業の枠組みとその変化は、マニュアルのような形であらかじめ提示されたものではなかった。いまだ誰も経験したことのない長期、広域にわたる避難生活の支援事業であり試行錯誤的な展開が当初から予想されたことから、事業に関わる機関・人がそれぞれの活動情報を持ち寄り、抱えている問題・悩みを共有しながら、丁寧に解決の糸口を探っていく作業が必要とされた。そのために開催されたのが「浪江町復興支援員推進会議」（以下、推進会議）である。

　推進会議は、浪江町復興支援員とそれぞれの地域の拠点組織、浪江町行政、コーディネート組織、事業アドバイザーといった事業関係者が参画する会議である。当初は事業関係者全体が参加する会議（全体会議）が中心となっていたが、支援員拠点の増加や支援員の交代に伴う新規拠点・新規支援員向けの会議や、会議内容に応じた拠点組織向け・支援員向けの会議が開催されるようになる。

　さらに事業の進捗に伴い様々な課題が見えてくる中で、複数の拠点が合同で対応している東京都内への支援体制を考える会議や避難者数が比較的多い関東地方での支援のあり方を考える会議、逆に避難者が少なく交流会の開催が難しい地域での支援のあり方を考える会議といったように、避難地域ごとの課題に応じた場も持たれるようになった。

　推進会議は浪江町役場等からの情報提供（復興の進捗状況や町民への支援制度の変化等）や、関係機関・有識者等からの講話、支援員拠点からの活動報告、グループワーク、浪江町内への現地視察といった内容を組み合わせて、それぞれ半日ないし2日間のプログラムで開催され、事業全体の

図表9・2　浪江町復興支援員推進会議の開催状況

年度	拠点数	回数、対象等	日付	開催場所
2012	2	第1回全体会議	6月18日	福島県二本松市
		第2回全体会議	8月9日	福島県郡山市
		第3回①山形会議	9月4日	山形県山形市
		第3回②千葉会議	9月24日	千葉県千葉市
		第4回全体会議	10月13日	福島県福島市
		町内視察調査	11月14日	福島県浪江町
		第5回全体会議	12月10日〜12月11日	千葉県千葉市
2013	5	中間支援（継続）向け	4月9日	宮城県仙台市
		第1回継続拠点向け	5月20日	宮城県仙台市
		第2回新規拠点向け	7月10日	埼玉県さいたま市
		第3回全体会議・視察	9月14日〜9月15日	福島県郡山市、浪江町
		第4回全体会議	2月2日	福島県福島市
2014	10	第1回①中間支援（新規）向け	4月21日、26日	福島県二本松市
		第1回②継続拠点向け	5月11日	福島県福島市
		第2回全体会議・視察	6月29日	福島県福島市
		新規支援員向け	9月10日	福島県二本松市
		第3回全体会議	9月29日	福島県福島市
		東京都内対策会議	11月11日	埼玉県さいたま市
		第4回①全体会議	12月5日	埼玉県さいたま市
		第4回②全体会議	12月14日	京都府京都市
		第5回全体会議	2月16日	福島県福島市
2015	10	新規支援員向け①	5月18日〜5月19日	福島県二本松市、浪江町
		中間支援向け	5月29日	東京都中央区
		支援員向け	5月30日	福島県二本松市
		東北ブロック会議	6月1日	山形県山形市
		南関東ブロック会議	6月29日	東京都中央区
		新規支援員向け②	7月2日〜7月3日	埼玉県さいたま市、福島県浪江町
		第1回全体会議	9月12日	東京都中央区
		新規支援員向け③	11月26日〜11月27日	福島県浪江町、東京都台東区
		関東エリア情報交換会	1月12日	東京都中央区
		第2回全体会議	2月19日	京都府京都市
2016	7	中間支援向け	5月10日	福島県二本松市
		支援員向け	6月14日〜6月15日	福島県福島市、浪江町
		新規支援員向け①	6月14日〜6月15日	福島県福島市、浪江町
		新規支援員向け②	7月14日〜7月15日	福島県二本松市、福島市
		第1回全体会議	7月15日	福島県福島市
		新規支援員向け③	9月8日	福島県二本松市
		新規支援員向け④	10月14日	福島県いわき市、浪江町
		第2回全体会議	12月21日	福島県福島市

写真9・1　浪江町復興支援員推進会議
（2014年9月29日 福島市内）

写真9・2　浪江町復興支援員推進会議
（2015年9月12日 東京都中央区内）

図表9・3　情報提供の内容

年度		情報提供・講話の内容
2012	他事例の紹介	・復興まちづくり推進員の活動（宮城県内） ・三宅島の全島避難に学ぶ
2013	他事例の紹介	・福祉サービスを必要とする町民に復興支援員ができること
	事業枠組みについて	・今年度の事業推進体制 ・復興支援員の役割とは何か（その始まりと浪江町の復興）
	行政側からの情報提供	・賠償 ・町外コミュニティ ・復興まちづくり計画 ・津波被災地の方向性 ・除染
2014	事業枠組みについて	・戸別訪問の記録と共有 ・災害時等対応マニュアル ・個人情報の取り扱い
	行政側からの情報提供	・ADR ・復興公営住宅 ・タブレット端末の導入と使用方法 ・除染 ・区域見直し ・福島県復興支援員との連携 ・浪江町児童生徒の避難状況
2015	事業枠組みについて	・拠点間連携の取り組み ・町民からの相談内容 ・個人情報の取り扱い
	行政側からの情報提供	・タブレット事業について ・町内の防犯体制 ・上下水道などのインフラ復旧 ・除染の進捗状況 ・仮設商業施設の整備、町内再開事業所の状況 ・福島県からの情報提供
2016	行政側からの情報提供	・復興まちづくりの状況 ・避難指示解除までに最優先に取り組む課題 ・町政懇談会について ・浪江の歴史について ・町民の居住状況について ・帰還に向けた準備宿泊について

情報共有と、相互の悩み・問題解決の場となっていった。

　情報提供や講話としては、他地域の事例紹介や復興支援員事業の枠組みについての講話、行政側からの情報提供等が行われた［図表9・3］。行政側からの情報提供内容について事業開始直後には、町の復興計画についての共有や避難者の生活に関連する内容（賠償、避難先でのコミュニティ、復興

図表9・4　グループワークのテーマ

年度	グループワークのテーマ
2012	●支援員の活動目的・目標 ●活動の課題、支障になること、改善点 ●活動を通じての気づきと問題点 ●事業の振り返り
2013	●当面の活動目標・計画 ●他地域の方に聞きたいこと／各地区の活動内容の検討 ●福祉サービスを必要とする町民に復興支援員ができること
2014	●昨年度の活動の課題や良かったこと、今年度取り組みたいこと ●支援員の活動と中間支援組織の役割 ●来年度以降の支援員活動のあり方を描く ●テーマ別の取り組み方 　・"自立"支援のあり方 　・交流会・サロン 　・戸別訪問 　・情報発信（通信・ブログ等） 　・要ケア者への対応 　・町民同士のつながりづくり ●拠点間連携の必要性、可能性について ●福島県配置の復興支援員との連携について
2015	●中間支援組織の役割について ●支援員として戸惑いを感じること、大事にしたいこと ●テーマ別の取り組み方 　・東京都内にいる浪江町民への対応 　・県外定住者への支援のあり方 　・町民への町の復興状況の伝え方 　・交流会開催の工夫 　・戸別訪問記録の方法 　・ご近所交流会、小規模交流会 　・一巡後の戸別訪問の方法 　・自治会等町民主体のコミュニティづくり 　・定住先が決まらない人への支援 　・支援員事業後を見すえた支援のあり方
2016	●支援員の活動をサポートする上での悩み ●復興支援員事業が目指すもの 　・町民にこうあって欲しい姿とは 　・人々のつながり、生活全般等 　・あるべき姿にならない要因は何か 　・町民の支援として目指すものは何か

公営住宅、コミュニケーションツールとしてのタブレット端末の導入等）が主であったが、事業の進捗＝復興の進捗に伴い、町の復興状況についての情報共有が中心となっていった。

　グループワークのテーマについて年度ごとに整理したのが図表9・4である。当初は支援員の役割や活動内容といった事業枠組みの部分を拠点間との比較も含めて検討する内容が中心であったが、活動の進展に伴い見えてきた課題や活動テーマごとのディスカッションが多くなっていく。そうした中でも随時、支援員の役割とは何かといった枠組みのテーマに引き戻して議論を展開する場面もあった。

2 中間支援組織をコーディネートする機能

　こうした復興支援員事業のプロセスを下支えしていたのが、拠点組織をコーディネートする組織（東北活性化研究センター、東北圏地域づくりコンソーシアム）の動きであった。

　全国で多拠点展開している事業の全体を、事業主体である浪江町行政が把握してコントロールしていくのは容易ではないし、現実的ではなかった。ややもすると、目的や課題意識等が拠点ごとに閉じてしまい、町行政、拠点組織、復興支援員相互のコミュニケーションが希薄になり、結果として事業としてばらばらになってしまうようなことが起きがちである。浪江町の浪江町民のための一体的事業として展開していくためのコーディネートが必要であった。具体的にはコーディネート組織が核となり、事業アドバイザーの助言を受けながら、町行政と協議を重ねて起案・実践していくプロセスを重ねていくことになる。

　そのために、推進会議と同様に大切になったのが、各支援員拠点への訪問活動であった。コーディネート組織の担当者が各支援員拠点を定期的に訪問したり、拠点組織が開催する会議の場に臨席したりすることで、拠点ごとの事業の進捗状況や課題・悩みといったことを聞き取り記録する活動

を、拠点や時期によって頻度は異なるが、隔月ないし四半期に1回程度実施した。もちろん各拠点の状況といったことは、推進会議の場でも共有されていくことであるのだが、推進会議のようなオープンな場では話されにくいことは、様々にあった。

　例えば、新規の拠点、特に避難町民ではない支援員が配置された拠点については、町民との関係構築を含めてゼロからの事業スタートになる。こうした拠点に対しては、先行して事業を行っている拠点の支援内容やノウハウを共有したり、場合によっては事務手続きのフロー構築から支援したりするなどといった、個別事情に応じた対話やサポートが重要になった。事業の初期においては、様々なリスクを考えすぎて実践を躊躇することが起こりがちである。そのような際には、想定されるリスクを適切に評価し、安心感と自信を持って活動を実践していくことができるように後押ししていくような役割も大切であった。

　一方、先行して活動を展開する拠点からは、活動の蓄積から生まれる知見や課題についての相談が出されることが多くあった。こうしたことについては、推進会議の場で議題として提示して全体で共有・議論したり、共通する課題を抱える拠点間で対話の場を持つようにしたりすることで、拠点ごとに課題が閉じてしまうことのないように支援した。さらに、町民から出された質問や問題点、要望等を拠点ごとに記録したものを「訪問時等質問・意見リスト」として集約して分析し、その結果を全体共有する仕組みを導入し、対応方法や知見の共有を資料ベースでも進めるようにした。

　時には拠点内で発生する悩みやトラブルに直面することもあった。例えば、復興支援員と拠点組織との間で支援の方向性や熱意・意識に差があり、それが解消できないままであったりするといったことである。そうした場合は、他拠点の持つ視点や、支援方法等を共有することで、関係者の視野を広げていくような支援を行ったりもした。

　さらには拠点間でも、個別訪問の数や訪問率（担当世帯のうちどれくらいの割合を訪問したか）、交流会の回数・参加者数といった数的に評価で

きる事業進捗度合いの差に由来する意識の差を見出すこともあった。当方はこんなに動いているのに、あの拠点は……といったことである。こうした場合にも、それぞれの拠点や支援対象者の置かれた状況を丁寧に共有し、違いが発生している要因を解きほぐして共有していくことで、疑念を解き、良い関係性を維持・回復できるようにサポートした。

こうした中間支援組織のコーディネート＝中間支援組織の中間支援が機能していく上で大切だったのが、一つには各拠点組織による支援が、活動の理念や方向性は共有しながらも、それぞれの置かれた状況に応じて多様な形で行われていること、もう一つが、コーディネート組織と拠点組織が上下関係にならない、フラットな関係を維持していくことであった。

時に、拠点組織側から「指導」や（即効性のある）「解決策の提示」を求められることもあったが、それにそのまま応えるのではなく、他事例の紹介や、複数の方向性の提示といった「打ち返し」を行うことで、一緒に考えていく関係づくりを大切にしていた。その際に支えとなったのが、事業アドバイザーから常に提示されていた「答えのない問題の前には、関係者が対等になれる」という考え方であった。

浪江町復興支援員事業のように、特定の地域課題に対して複数の中間支援組織が広域的に連携して解決にあたっていく枠組みは、様々な政策の中で求められつつある上、今後もますますニーズとして高まっていくことが想定される。そのために必要とされる中間支援組織間の関係は、上下関係（ヒエラルキー）でもなく、情報交換をするだけの関係だけでもない、ともに仕事をしていくフラットな関係性である。

ただ現状、中間支援組織間の関係はそれぞれの事業内容の情報交換に留まっているように見える。他地域の実践内容を丁寧に分析し、自地域でならどう展開できるかといった視点を持ち実践につなげていく意欲を持つ中間支援組織には（こうした良事例の水平展開が中間支援の一つの本質とも思われるにも関わらず）なかなか出会うことがないのが現実である。

こうした現実を乗り越え、互いに刺激し合って高め合う関係性を構築し

ていく上では、個々の中間支援組織の自発性や力量形成だけではなく、中間支援組織をコーディネートしていく、広域の中間支援機能が求められていくことが、今回の浪江町の事業の中から明らかになってきたと言える。こうした支援機能についての議論はまだ十分に行われているとは言えず、今後、さらなる蓄積と展開が必要となろう。

Ⅲ部
中間支援の新しい機能と展開

10章

手法としての円卓会議

横田 能洋

1 円卓会議の目的と手法

　中間支援組織である茨城NPOセンターコモンズ（以下、コモンズ）が地域円卓会議を実践するにいたった経緯を紹介する。まず、国レベルの動きとして社会的責任に関する円卓会議を運営する動きが2008年頃から数年間、内閣府を中心にあった。先進諸国の動向として、政府、経済界、労働界、消費者など社会を構成する各セクターの代表が対等な立場で社会課題について討議し、かつ協働して課題解決に関する行動を行うマルチステークホルダープロセスがあり、日本でも、従来の省庁ごとの審議会とは別の、新たな合意形成と社会課題解決に向けた連携のプロセスを検討するためであった。

　そこで、内閣府と各界とで、どのように日本初の円卓会議を組成するかについての準備会合が重ねられ、3層の会議体が設置された。最も上位の会議は、各界の代表者、政府であれば内閣総理大臣が出席するレベルで、大きな方針について合意形成を行う場であり、2層の会議は、より具体的な共同行動、施策について協議と合意を行う場である。そして3層は、上位の2層の会議の円滑な運営のため、議題の設定や協議の方法などを打ち

合わせるための会議を行った。経済界、労働界、消費者団体は全国レベルで提言などを行う組織があり、その中から各層の委員が選出された。NPO/NGOセクターには、全国レベルの組織はあるが、その組織が全国の市民団体を代表するというものでもなかった。そこで環境、国際など各分野の全国組織により社会的責任に関するネットワークを設立し、そこがNPO/NGOセクターの会議参加者の選出母体となった。

　このようにとても仰々しい形で、社会的責任に関する円卓会議は数年間試行錯誤を重ねながら運営されたが、それは従来までの審議会のような会議とは大きく異なるものだった。事務局がレールを引いた形式的な会議であっても、そこで決まった施策が課題解決に十分に効果を発揮しているなら弊害は少ない。例えば、学校、公園など公的な設備がないからつくるという施策であれば、予算があれば設備はでき、施設がないという問題は解決できる。

　けれど現代の社会課題、生活課題は、施設や相談窓口をつくっただけでは解決しないような複雑な問題構造をもっている。さらに、行政は、税収不足と社会保障費などの増大により、新規施策に充てられる財政的余裕が少なくなっている。つまり、これまでは行政に権限と責任が集中し、行政が社会課題解決の主たる存在だったが、社会的課題の質的量的変化と行政の財源不足により、行政だけでは解決が困難になってきたのだ。そこで、住民、市民団体、地域の事業所にも課題解決に関する責任の一端を担ってもらうほかなくなったのだ。しかし、行政以外の民間の主体に責任をもってもらうには、行政が一方的に計画やルールを示すやり方ではうまくいかない。そこで取り組むことになったのが、マルチステークホルダープロセスであり、合意形成のプロセスとしての円卓会議だったと言える。

　以上が筆者が考えるところの円卓会議の導入の経緯である。会議に参加する各主体が、議論する社会課題の当事者であるという自覚をもち、どの範囲、内容、ルールで協議するかについても会議の構成員で合意する。会議では、課題解決に関して自らのセクター（行政、経済界、労働界、

NPOなど）としてどのような貢献をするかを積極的に発言し、それぞれが資源を出し合って共同で課題解決に取り組むことについて合意をする。そしてその合意に関して会議参加者（団体）は責任をもち、実際に取り組みを行うというプロセスが円卓会議の手法である。形式的会議で意見だけいうプロセスとは、参画の深さが大きく異なる。

　このような理念型としての円卓会議を語ることはできるが、実際に運営するとなると様々な困難に直面する。一つは、セクターの代表の選出プロセスの透明性や納得性をどう担保するかである。会議の場でセクターを代表して意見をしたり、セクター間で合意をするためには、そのことについて事前にセクター内で賛同を得ておく必要が生じる。各セクターがどこまでのことをするかについてセクター内で合意したあとで、円卓会議で各セクター間の合意をつくることになるが、組織により合意形成の仕方が異なるために、何かを決めるためには、かなりの時間とエネルギーを要するのだ。例えば、何らかの問題やそれに関するセクターの取り組み案について、NPO/NGOセクター内で意見を募った場合、異なる意見のうちどれをNPO/NGOの意見とするかについても厳密にいえば民主的に決める必要が出てくる。

　また、何かの社会問題について新たな取り決めをするとなると、セクターによっては負担が増えることもある。つまり利害が関わってくるとさらに合意については慎重になる。各セクターによる課題のとらえ方、負担やメリットの違い、自組織内での合意形成の困難さの違いゆえに、総論賛成各論反対状態になりやすく、それが合意形成の障がいになる。それでも合意をつくろうとすると、議論の抽象度をあげ、合意する各セクターの具体的役割や数値目標も「可能なかぎり」とか「時間をかけて取り組む」などの表現を加えることになる。それではいつまでに誰が行うかが明確にならず、責任を果たしているかどうかは曖昧になってしまう。筆者の感覚では、中央での円卓会議はこのような難しさゆえに、各セクターの参加意欲が低下し、その結果開かれなくなっていったように感じる。

2 地域円卓会議の運営母体の組織化

1節で述べた事情により中央の円卓会議がなかなか進まない状況のなかで、地方レベルの方がより具体的な地域課題に即した円卓会議ができるのではないか、との声が円卓会議関係者からあがった。筆者は、円卓会議の3層の運営実務を担う会議にNPO/NGOセクターのメンバーとして参加しており、茨城での地域版円卓会議の実施についての打診を受けた。当会がそれを引き受けたのには二つの理由がある。一つは、多様な主体が連携して課題解決策を検討し、合意もつくり、実践もするという手法に、地元でチャレンジしたいと思ったこと。もう一つは、茨城にはその会議の運営を担えそうな多セクターによるネットワークがすでにあったためである。コモンズは、1998年の法人設立のころから、年に1回、茨城NPOフォーラムを実行委員形式で行ってきた。そのメンバーには、コモンズのほか、地元新聞社、県の外郭組織、生協、経営者協会などが参加していた。毎回、基調講演、事例発表、パネルトークなどを資金を持ち寄って共同で開催していたが、2006年頃、年1回の啓発イベントを行うだけでなく、より実践的なことができないか、との声がメンバーから出ていた。その声に基づき、フォーラム実行委員会を、社会的責任を考えるSR（Social Responsibility）ネットいばらきというゆるやかなネットワークに脱皮させた。このネットワークの目的は、各メンバーはそれぞれ社会貢献に取り組むが、他のセクターと連携したいときはネットワークに提案して連携できることを随時検討するというものだった。このSRネットの取組みとして全国初の地域円卓会議を開いてみようとなったのが2010年の夏であった。

3 運営スタイルをめぐる試行錯誤

地域円卓会議を具体化するプロセスでは、大きくは三つの山を乗り越える必要があった。一つは会議の運営の仕方に関する合意形成をどうするか

という山。二つ目は、協議するテーマと、会議で協議する人の人選をどうするかという山。三つ目は、円卓会議を議論で終わらせずに実践にどうつなげるか、という山を登ることになった。

一つ目の会議の運営方法では、中央での円卓会議と同じように、セクターの代表が席に着き、代表として合意をするという理想形にどこまでこだわるかが焦点となった。行政は、管轄していること以外については発言できず、幅広いテーマで責任をもって話すとなると知事しかいないがそれは現実的ではない。代表として正当性や、セクター間での合意という理想形を求めるとものすごい時間と労力が必要となり、中央と同じような袋小路に陥ると思われた。年度内に実現するという時間的制約もあり、今回はセクターの代表性や、セクターとしての合意にこだわらないことにした。ある社会課題に関心、意欲がありそうな人を、行政、企業、労働組合、生協、NPOから、SRネット（事務局）が推薦し、協議メンバーを選ぶことで、多様な立場、多様な視点で課題や解決策について普段できないような議論の場をつくることはできる。あとは、いかに率直な発言、討議がしやすい舞台にするかを検討した。その結果メンバーで合意できたのは、個人的見解と前置きしての発言もありとするというルールと、円卓会議で誰かが発言したとしても、その発言内容について、あとから責任追及はしないことを会議の参加者にも傍聴者にも伝えるということである。

一般市民のいる場で行政関係者が何か発言をすると、行政職員の発言はその行政の公式見解のように扱われ、「あの場でこう言いましたよね」と追及されることがある。それを懸念すると、公の場で思っていても何も言えないということになりやすい。そこで、行政、企業が参加しやすいように、率直に発言してもいいという土俵をつくることにした。ただし、このやり方は、発言しやすくなるメリットはあるが、その場の思い付きを話すだけの言いっぱなしになるリスクもあった。討議のしやすさをとるか、責任を伴う発言による話した内容の実効性をとるか、という選択をすることになった。SRネットのメンバーで協議したところ、まず初回でもあるし、

前者を優先しなければ、円卓会議そのものが成立しないので前者でいくことを決めた。ただし、できるだけ、話した内容が具体化するようにしたいという思いもあるので、それについては、よりいいアイディアを出し、前向きな発言をしてくれそうな人を人選すること、そして生まれたアイディアをSRネットとしても具体化に近づけていくことに努めることにした。このような会議の基本的枠組みについても多セクター間で協議し決めることができたことは意味があったと思う。

4 会議の議論を具体的取り組みにつなげる

　次に、協議テーマを何にするかもSRネットのメンバーで案を出し合った。円卓会議のテーマを決める際のポイントもいくつか見えてきた。大事なことは各セクターの人が自らも課題の当事者と感じられるテーマであること、さらに複数の主体が参加、連携して取り組めそうなテーマにする必要がある。一つのセクターだけでなく、2、3のセクターが違う役割を担い協力することで初めて事業の具体化ができそうなテーマが一つ目。どこかのセクターが何かに困っていて、その解決策を話し合うテーマが二つ目。三つ目は、すでに取り組んでいる事業の規模を拡大したり効果を高める上で他のセクターとの協力を上乗せする、というものが考えられる。

　一つ目に近いテーマとして実際に地域円卓会議で議論したのは、「地域の人や企業がNPOを選んで寄付をしやすくするためにどんな仕組みをつくるか」であった。NPOは資金不足に悩み、市民や企業はどこに寄付をすればいいかについて情報が不足し困っているので、それを解決しようと話し合い、これについてはコモンズの中にいばらき未来基金という寄付仲介の仕組みをつくることができた。その運営委員会には、円卓会議の関係団体が入っており、議論が形になった事例といえる。類似した共同事業にフードバンクの設立もある。これを言い始めたのは生協だった。生協の取引先の農家が市場に出せない野菜の処理で困っているという課題提起をも

とに、SRネットで協議し、他県の成功事例を共に視察し、「フードバンク茨城」は生協、経済団体、NPOと賛同する市民により設立することができた。

　二つ目の例としては、廃校や遊休施設の活用がある。施設を所有する行政や企業は維持管理費をどうするかで悩んでいる。その場をNPOや企業が有効に活用するアイディアが出てくれば、活用する主体は安価に場所が得られるメリットがあるので、建物維持管理に労力を提供するという提案も出やすい。このように行政なり企業が、困っているので知恵を貸してほしいと言ってさえくれれば、皆で持ち寄ってアイディアを出すような円卓会議は開きやすい。そうすれば思いがけない活用アイディアや担い手が見つかるかもしれない。このように、地域円卓会議は、地域住民などから何かを要望されたり批判を受ける会議ではなく、いろんなアイディアや協力者が地域から得られる場という位置づけになると、行政や企業も参加しやすくなる。

5　地域円卓会議の裏方はプロデュースに似ている

　課題解決のための共同事業は地域円卓会議の場だけで決めるものではない。地域円卓会議は、「納得・安心して寄付先を選べる仕組みがあるといい」「食品ロスを減らせる食品寄付の仕組みがあるといい」という課題と解決策のイメージを多くの人が共有する場であり、解決策作りに向けた機運を高める場である。とかく、新規の事業の話になると、事業化に伴うリスクとか、必要な人、場所、資金をどうするかという話もでる。もちろん事業化に必要なことは検討しなければならないが、事業化の課題やリスクの話に偏ると議論は盛り上がらなくなり慎重論が台頭しやすいため、そうならないような会議の運営が重要になる。地域円卓会議はできるだけポジティブな議論の場にし、課題は別のところで話せばいい。地域円卓会議を経験した人の多くが、普段話さないメンバーが普段と違った角度で意見を出し

合うなかで、化学反応が起こる、という表現をするが、まさにそれが地域円卓会議の最大の醍醐味と言える。

　例えば、人、物などの資源が足りないという話であれば、人が多くいる組織がボランティアを出せるというかもしれないし、運送業であれば、荷台が空いている時に無償で運ぶことならできる、といった無理なくできそうな貢献に関しては発言しやすい。会議の進行役は、協議者の組織の強み、持っている資源と、課題と感じていることを把握しておく。「これならあなたの組織でできそうですよね」と提案してみるのである。それならできそうという発言が続くと、では自分のところでも何かできることを考えようという雰囲気にはなる。うまく炊けるか分からない飯盒のご飯を皆でつくることで、同じ釜の飯を食った仲間、という不思議な関係性ができる。当初想像したより面白い議論ができたと討議者自身が手ごたえを感じられるような円卓会議になれば、なんとか実現したいねという不思議な連帯感が生まれ、それが実践の原動力になる。

　地域レベルで円卓会議を行う利点は、同じ地域に住んでいるので、その地域に関わる課題であれば、立場を超えて一住民としても関心を持ちやすいことがある。さらに経済団体、労働組合、NPOなどそれぞれが日頃から顔の見える付き合いをしているので、誰がどんなことを話しそうか、ある程度事務局は想像できる。私は、地域円卓会議は舞台づくりに似ていると感じる。舞台で重要なのはストーリーであり脚本、そして誰が演ずるかという人選だ。もちろん、地域円卓会議に筋書はないし、やらせの発言も必要ない。ただし、このメンバーがこのテーマで話したらどんな化学反応が起きそうか、議論の温度を高める上で、誰のどんな事例の話が盛り上がりそうか、ということは考え、ぜひこうしたことは話してみてほしいと伝える。この役者と演目というところをしっかり仕込み、舞台をつくる、そこまで地域円卓会議の事務局がすれば8割方仕事は終わると感じる。

6 　地域円卓会議の効果と課題

　上記のプロセスを経て2011年2月に地域円卓会議を水戸で開催した。全国初と銘打ったことから、どのように行うのか見てみたいという観覧者も全国各地から多数参加した。議論も盛り上がり、いくつかのテーマは実際に事業化にもつながった。だが最大の効果は、この会議をゼロから議論しながら作ってきたSRネットの仲間意識が強化されたことだ。この会議の1月後に東日本大震災が発災したとき、SRネットのメンバーは、メールや電話のやりとりだけで物資の支援など支援活動を迅速に行うことができた。以来、地域円卓会議はほぼ毎年開催しているが、実行委員会でテーマを決めるところから5回程度は会議を重ねてつくるようにしている。

　課題に関しては、やはり時間と労力がかかることが指摘できる。実行委員会形式ではあるが、会議の招集、進行、記録など実務の部分を当会のような中間支援組織が担うことになりやすいが、その人件費は確保できていない。円卓会議に限らず、異業種の組織のネットワークの運営は手間がかかる上に収益が見込めない。行政はじめ人事異動が多い組織の場合、新たな担当者にこれまでの経緯説明を繰り返すことも必要になる。なぜ、このネットワークに参加しているのかの意義が感じられないと打合せへの参加頻度も下がっていく。それを防ぐには、面白い手法の会議の裏方ができた、議論の中での化学反応を目の当たりにできた、他組織の人と交流でき人脈が広がったなど、円卓会議の裏方に参加してよかったと思える成功体験をどう作れるかが重要になる。皆で作ると言っても、日ごろから他セクターとの共同を意識していない人からは、円卓で議論したいテーマもなかなか出てこない。最初から関わっているコモンズが、テーマもゲストも全部考え案を示せば、準備会合の回数は減らせる。でもそれをすれば、事務局主導の参加意欲の低い会議に逆戻りしてしまう。地域課題や全国の動向にアンテナをはり、地域の諸団体が共に考えたいと思えそうなテーマ（演目）と特別ゲスト（役者）を常に考えるプロデュース思考はやはり重要だ。同

時にみんなでつくる、というプロセスづくりも重要だ。

　行政の会議は分野縦割りだが、円卓会議は、福祉と住宅、多文化と防災など、複数の行政をつなぐ場にすることもできる。地域円卓会議を維持しようとすると地域の祭りを残そうという発想に近づく。そうした形で会議開催を目的にするよりは、その時の地域課題を素材に異分野でトークをしておもしろい解決策を生み出すイベントとして演出するほうが、協議者も運営する側もわくわくするかもしれない。やはり結論は、課題へのまなざしとユニークな活動へのアンテナ、そして異分野との人脈をもつことだ。

11章

沖縄式地域円卓会議の運営と展開

宮道 喜一

1 NPO法人まちなか研究所わくわくの事業展開

　NPO法人まちなか研究所わくわくは、沖縄県那覇市壺屋にある中間支援組織である。「すべての人々が自ら暮らすまちを想い考え納得してつくっていけるような市民社会の実現」を目指し、2004年に4名の創業メンバーによって設立した。「みんなで決めて、みんながつくるそんな社会づくりのお手伝い」をキャッチフレーズに、活動を開始し、2005年2月にNPO法人格を取得した。

　まちづくりNPOとして、地域情報誌『み〜きゅるきゅる』の発行や那覇のマチグヮー（中心商店街エリア）での職場体験のコーディネート、小学校統廃合に関わる住民活動支援、公園など公共施設整備における住民参加型ワークショップの企画運営など、地域コミュニティにおける住民主体のまちづくりへの参加や行政への市民参加に関する事業を設立当初から行ってきた。また、参加を促進するためのファシリテーター養成に関する研修も継続して行っている。

　2008年度からの3年間、那覇市NPO活動支援センターの指定管理業務を担い、2011年度〜2017年度（4月のみ）は糸満市市民活動支援センター

の運営業務を担うなど、NPO活動支援に関する事業も活動の柱となっている。現在は、「まちの担い手育成事業部」「くらしの環境づくり事業部」「調査研究事業部」の3部門で事業を展開している。近年では、地域福祉領域での地域づくりや社会福祉協議会への支援活動なども一つの軸となりつつある。

NPO活動支援については、市民が社会課題に出会い、寄付やボランティア活動などを通じて、社会課題解決のプロセスに参加する社会の装置としてNPOを捉え、支援活動を行ってきた。そうした中で、生活圏域でのエリア型の地域コミュニティ支援と市民有志によるテーマ型のNPO・市民活動支援の接続、地域福祉的な課題解決アプローチなどを模索してきた。

2 沖縄式地域円卓会議の概略と実践

沖縄式地域円卓会議とは

沖縄式地域円卓会議は、2010年より沖縄の市民コミュニティ財団である公益財団法人みらいファンド沖縄とともに開発してきた。

社会課題の解決に向けて、事業づくりや資金等の資源調達を行う前に、「私たちのまちにはこんな課題がある」というコミュニケーションが必要ではないか、そこをしっかり共有するところから始めないと事業開発も資源調達も難しいのではないか、という仮説から、「地域の困りごとを社会課題として共有する手法」として開発された。

地域社会の課題の解決に取り組む人や組織は多様にあり、行政はもちろん、NPOなどの市民団体や自治会、あるいは企業や組合組織など、様々な人々が地域の課題に真剣に向き合っている。しかし課題の多くは、単一の人・団体・分野だけでは解決が難しい。

沖縄式地域円卓会議は、地域の様々な担い手が課題の情報を共有し、互いにアイデアやネットワークを提示しながら、協働して課題の解決に取り組むことのできる地域社会の実現を目指す場である。そこでは、課題の解

写真11・1　2023.2.4 石嶺小学校区地域円卓会議・センターメンバー

写真11・2　2023.2.4 石嶺小学校区地域円卓会議・小グループでのディスカッション「サブセッション」

決そのものではなく、課題についての情報共有・意思疎通に重きを置いている。

プログラム（五つのパート）

　沖縄式地域円卓会議は、中央にセンターメンバーと呼ばれる、多様な立場の着席者（5〜7名程度）が座り、司会者が情報を引き出しながら、記録者がその場で話された情報を模造紙に書き留めていく。主に五つのパートで構成され、全パート終了までの所要時間は2時間40分〜3時間（パネリストの人数によって増減有）である。各パートの役割は次の通りとなる。

◆論点提供

　論点提供者が、今回話し合いたいテーマについて会場全体で情報を共有する。論点提供者がどのような困りごとに向き合っているのか、事実とともに表明する時間。

◆セッション1

　論点提供で提示されたテーマに対し、センターメンバーがそれぞれに事実・視点・評価・事例といった観点から会場に情報を供出する時間。

◆サブセッション

　続いて、センターメンバーもバラバラになり、一般来場者も交えて3〜4名の小グループに分かれ、テーマについて疑問・意見・アイデア等を出し合い、話し合う時間。サブセッション後半では、数グループに議論を発

写真11・3　2023.2.4 石嶺小学校区地域円卓会議・ふり返りの
様子

表してもらい全体で共有する。

◆セッション２

　センターメンバーが円卓に戻り、会議を再開する。サブセッションで出
たアイデアや意見を参考に、その中から議論を深めていきたいことや、課
題解決をどのような方向性で進めるべきかなどを話し合う。

◆ふり返り

　最後に、記録者が中心となってふり返りを行う。記録者が、模造紙に記
録した内容をもとに会議の流れを総括し、この会議で何が話し合われたの
か、会場全体で確認する。ここで紹介された記録が、今回の会議の成果と
なる。参加者はこの記録を写真に撮って持ち帰り、論点提供者達の「困り
ごと」を「社会課題」として共有し、明日からの行動につなげていく。

地域コミュニティ型地域円卓会議の実践

　2011年2月の第1回目円卓会議以降、2023年10月時点までで134回の円
卓会議を開催してきた。扱ってきたテーマは、商業活性化、教育、防災、
子どもの貧困、文化継承、移住・定住、環境保全、スポーツ振興とまちづ
くり、公共交通と福祉など多岐にわたる。そうした中でも自治会や小学校

区まちづくり協議会などの地域コミュニティをテーマとして扱う円卓会議
も開催してきた。

地域コミュニティ型地域円卓会議の例

2015.1.10　大里・嘉手志川から地域自治を考える地域円卓会議 @糸満市
　　　　　　テーマ：嘉手志川を地区内外の人に気持ちよく使ってもらうには

2015.7.31　那覇市 久茂地小学校跡のまちづくりを考える地域円卓会議 @那覇市
　　　　　　テーマ：1600人を収容する市民会館が久茂地小学校跡地にできたとき、
　　　　　　この地域はどうなるのか？

2016.8.31　マチグヮーのトイレ問題を考える地域円卓会議 @那覇市
　　　　　　テーマ：トイレはまちの資産　まちぐゎーのトイレ最適化を考える

2022.7.9　首里地域の「お出かけ」に関わる暮らしと交通を考える地域円卓会議
　　　　　　テーマ：首里城正殿復元まであと4年、今後首里地域で予想される渋滞
　　　　　　問題や住民の移動の課題を、「移動とまちづくり」を中心に考える

2023.2.4　石嶺小学校区地域円卓会議 @那覇市石嶺公民館
　　　　　　テーマ：石嶺小学校区における高齢者の孤立問題とコミュニティのあり方
　　　　　　を考える

　地域コミュニティをテーマとする場合、一定の具体的なエリア内の課題
を取り扱うことになるため、利害関係者が見えやすい一方、関係性が近い
ため、対話が感情的になりやすいという一面もある。地域コミュニティ型
地域円卓会議においては、テーマに関わる事実の共有をより丁寧に行い、
課題を明らかにし、共有することで、連携・協働につながるネットワーク
の構築につなげることや、限られた資源の中で地域内の資源の可視化と地
域外の資源とのつながりをつくること、などが特に効果を期待することで
ある。

実践例）石嶺小学校区地域円卓会議

テーマ：石嶺小学校区における高齢者の孤立問題とコミュニティのあり方を考える
・日時　2023年2月4日（土）14:30 -17:10
・場所　那覇市石嶺公民館　2階ホール
・参加者　83名
・着席者　6名（以下、敬称略）
・論点提供者
　玉那覇善秀（石嶺小学校区まちづくり協議会　会長）
・着席者
　末吉ヒサ子（首里石嶺ハイツ自治会 会長）
　桃原千佳（那覇市地域包括支援センター石嶺 センター長）
　野原祐樹（那覇市社会福祉協議会 地域福祉課）
　櫻井常矢（高崎経済大学 地域政策学部 教授）
　宮元聡志（イチフジ株式会社 代表）
・司会者
　平良斗星（公益財団法人みらいファンド沖縄 副代表理事）
・記録者
　宮道喜一（NPO法人まちなか研究所わくわく 副代表理事・事務局長）
◇プログラム
　14:30　地域円卓会議について
　14:40　論点提供
　14:55　セッションⅠ（着席者からの情報提供）
　15:55　サブセッション（参加者3 ～ 4人グループで意見交換）
　16:25　セッションⅡ（着席者での議論）
　16:55　ふり返り・まとめ
　17:10　終了

<背景と経緯>
　石嶺小学校区まちづくり協議会（以下、石嶺まち協）は、2011年に設立され、2023年で設立13年目を迎える。「みんなで　つくろう　いきいきしんみ」をスローガンに、防災勉強会や清掃活動、金融機関での健康チェック等の地域活動を行っている。那覇市事業の一環として、石嶺まち協のメンバーとともに、より多くの地域の人たちと石嶺について考える話し合いの場として円卓会議を企画した。

<事前準備>
　円卓会議のテーマを決めるために、石嶺地域のまちの成り立ちや特性を確認し、以下、地域の気になること等を出し合った。
・自治会がない空白地帯がある
・免許返納による買い物・通院の困難など高齢者の生活上の困りごとが増えている
・高齢夫婦世帯や独居高齢者も増えており、高齢者の孤立が広がっているのでは
・男性のサロンやミニデイサービス等の高齢者が集う場（コミュニティ）がいくつかある
・高齢者がお互いを知ることで交流もでき、セーフティーネットにもなるのでは　等
　テーマを「石嶺小学校区における高齢者の孤立問題とコミュニティのあり方を考える」とし、円卓会議での論点提供者を石嶺まち協会長に決め、情報提供いただく着席者として、自治会、地域包括支援センター、社会福祉協議会、企業（不動産業）、大学教授に依頼をした。

<会議当日>
　円卓会議当日は、石嶺地域内外から83名の参加があった。石嶺まち協会長より、石嶺小校区の概況（エリア、歴史、人口、高齢者を取り巻く状況）等の説明と今後のコミュニティのあり方について考えたいという投げかけから会議がスタートした。
　着席者からは、石嶺小校区の高齢化率、介護認定者数などの提示、高齢者の見守りを行う「地域見守り隊」や買い物支援、市民の有志によるコミュニティ（ラジオ体操、ミニデイサロン等）の取り組みが紹介された。また、交番長との情報交換の場や銀行窓口との連携、地域、専門職が果たす役割等が話された。
　参加者同士の意見交換の場からは「地域内での声掛け、挨拶が基本」「つながりを望んでいない人へコミュニティとしてリーチすべきか」といった意見が発表された。

総括として「校区内の取り組みについて、地域でも評価していくことが大事」「自治会の各部が地域の変化に応じて、自ら役割を変えている。まちは変化し続けるため、自ら役割を変え、新しい資源とつながり続ける弾力性がまちにとって大切」等の確認・共有がなされた。

＜会議を終えて・次のアクション＞

　円卓会議を開催したことで、以下3点の効果が確認できた。

①今ある取り組みを知ることで、参加者が前向きに地域に関わろうとする動きにつながったこと。会議後には、参加者同士の名刺交換や立ち話をする姿が見られるなど参加者同士の交流が生まれた。また、参加者アンケートからは「石嶺の現状、強みと課題をあらためて理解することができた。個人として、企業として何かしら取り組んでいきたい」といった声があった。校区内の団体が石嶺まち協の運営委員会に参加するなどの動きもあった。円卓会議で、がんばっている人や取り組みを共有したことで、参加者が元気になり、前向きに地域に関わろうとする動きが見られている。

②新たな出会いの場、多様な立場の人同士のつながりができたこと。円卓会議で出会った民生委員と住民の方との話し合いの場がもたれたり、これまで地域の高齢者の課題と接点がなかった不動産業者が、高齢者課題に取り組む同業者や福祉関係者と出会うなど新たなつながりが生まれている。

③石嶺まち協としての次のアクションが見えてきたこと。円卓会議開催後の石嶺まち協の役員会では、自治会の空白エリアが多いため高齢者の実態が見えづらく、捉えづらいことが地域の課題として確認できた。また、地縁以外の市民の有志で行う小さいコミュニティを多層的につくっていくために、すでにある小さなコミュニティを見える化し、世話人が出会える機会をつくっていくことも確認し、次年度の事業計画・方針に組み込むこととなった。

出典：那覇の協働NEWSペーパー『こらぼチャレンジ』第5号、2023年3月、那覇市まちづくり協働推進課発行、一部筆者改変

3　那覇市協働のまちづくりの検証と「参加」

那覇市における協働推進

　那覇市は、1998年の第3次総合計画において初めて「まちづくりの基礎は市民との協働」との考えを示し、「公益信託那覇市NPO活動支援基金（1999年）」及び「那覇市NPO活動支援センター（2000年）」を設置した。

その後、協働大使の委嘱や市民協働大学・大学院による人材育成、小学校区コミュニティモデル事業（2010 ～ 2015年）、小学校区コミュニティ推進基本方針の策定（2016年）などを通じて、協働環境を整備してきた。

那覇市の地域コミュニティと小学校区まちづくり協議会

　那覇市の自治会加入率は2023年5月1日現在、14.9％であり、自治会空白エリアも多い。沖縄戦後の米軍による土地接収によるコミュニティの分断や、沖縄県内外からの多くの住民の移動など、複数の要因が考えられるが、今後の持続可能な地域コミュニティ運営を考えるとき、自治会の有無や加入・未加入に関わらない、新たな基盤が求められる。

　そうした中で、那覇市では、小学校区を基本的な範囲とし、校区域内で活動する自治会、PT（C）A及び地域で活動する個人、企業・事業所等によって構成される「校区まちづくり協議会（以下、校区まち協）」の設立・支援事業を2010年から行っている。市内36小学校区のうち、15校区まで

写真11・4　協働の手引き
（発行：那覇市まちづくり協働推進課、2022年2月）

設立されている。

> ### 「小学校区まちづくり協議会」の定義
>
> 　小学校区を基本的な範囲とし、校区域内で活動する自治会、PT（C）A及び地域で活動する個人・企業・事業所等、地域の全ての方々で構成する団体が、それぞれの目的や活動を尊重し合い、緩やかに連携・協力しながら、合意形成を図ったうえで、地域の課題解決を図っていくことを目的として自主的に設立された組織。

小学校区まちづくり協議会における「協働」と「参加」

　那覇市では、20年余に渡り「協働によるまちづくり」を進めてきたが、協働の定義や、参加と協働の概念整理などが改めて必要である、という認識から、2021年度・コロナ対応まちづくり協働力アップ事業（受託：NPO法人まちなか研究所わくわく）において、櫻井常矢氏（高崎経済大学教授）をアドバイザーに迎え、『協働の手引き～みんなの力で、よりよい暮らしをつくるために～』（以下、協働の手引き）を作成し、「協働」を再定義した。協働の手引きでは、小学校区内で活動する個人・団体・事業者などで構成された地域組織として校区まち協も協働のパートナーとして位置づけている。さらに、協働は、共通の目的を実現するための手段とし、「プロセスとしての協働」［図表11・1］が重要であることを示した。

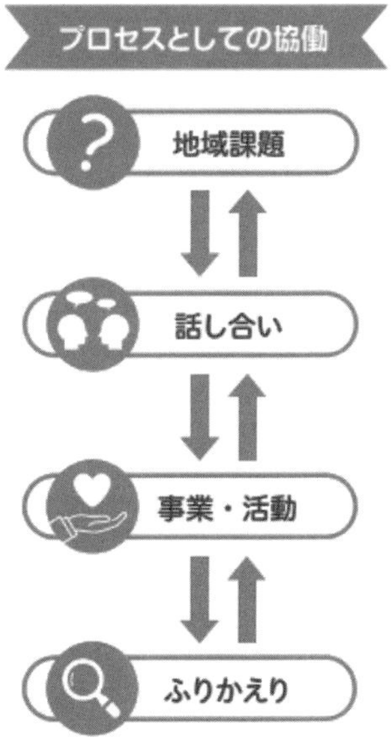

　校区まち協において、プロセスとしての協働を進めていく上で、校区内の住民や各種団体の「参加」の機会をつくることと、多様な主体による「協働」の両輪が重要となる。

　校区まち協における住民の「参加」は、

図表11・1　プロセスとしての協働

プロセスとしての協働

? 地域課題

話し合い

事業・活動

ふりかえり

地域の暮らしをめぐる課題・困りごとを受け止める場・機会となり得ることや、地域に暮らす人々が自分の考えや意見を自由に発言できる話し合いの場への参加（＝意見表明）を通じて、地域づくりの担い手を育てることから重要であると言える。

　また、地域の課題解決に向けて、自治会や既存の地域団体では解決できないことを補完する役割として、校区まち協は横のつながりをつくり、校区内外の団体や行政との協働を進めることが期待される。

小学校区まちづくり協議会での地域円卓会議の活用

　地域における参加の一つの手法として地域円卓会議の取り組みを紹介してきた。石嶺小学校区地域円卓会議の取り組みから見えるように、地域円卓会議には、校区内の暮らしの困りごとを受け止め、共有し、課題の当事者性を高めていく「参加」の機能と、課題解決に向けた「協働」のために必要な資源（人・団体）を発見し、つなぐ機能が確認できる。

　校区まち協における地域づくりの道具として、地域円卓会議は有効であると言えるが、どの校区まち協でも自分たちで実践・開催できるようにしていくための簡易版のプログラム開発やツールづくりは今後の課題である。

12章

地域人材育成と中間支援ネットワーク

手塚 明美

　2001年12月15日、藤沢市市民活動推進センターの入居する民間のオフィスビルの正面玄関で、藤沢市市民活動推進委員会の委員長、当時法政大学教授であった山岡義典氏と当時の市長山本捷雄氏を筆頭に関係者が揃い、開所式のテープカットが行われた。天候にも恵まれ、空は青くとても晴れやかな日で、何とも言えないすがすがしさを感じたことを今でも忘れることはできない。

1　市民参加を基盤とした中間支援の仕組みづくり

　藤沢市では、1981年より市民参加の市政促進のため、市内13地区において、市民委員が藤沢市の市長や副市長（当時は助役）、関係部長を囲んだ「地区市民集会」を毎年開催していた。1996年には市民提案を支える会議として「くらし・まちづくり会議」となり、2023年現在も地域課題の把握や解決に向けた検討のため「郷土づくり推進会議」という名称で各地区で開催されている。また、1996年から20年間にわたり「市民電子会議室」による、市民と行政職員の対等な議論の場を藤沢市が維持するなど、共生的自治を進めてきた歴史があり、市民の自主的な活動の法人化が比較

的早期に進んでいた。

　社会の動きを見ると、後に「ボランティア元年」と言われた、1995年の阪神淡路大震災の復興支援や、1998年の「特定非営利活動促進法」の制定など、ボランティア活動をはじめとする、社会貢献のための市民の自主的な非営利活動の重要性がクローズアップされていた時期と重なっている。その頃藤沢市では、2001年から2010年までを計画期間とする基本計画において、市民が主体のまちづくりに向けた支援策の検討に入っていた。検討にあたり、2000年に「市民活動団体実態調査」を実施、前掲の「市民電子会議室」で、意見聴取を行った。同時期に「藤沢市市民活動推進検討委員会」を開始し、2001年には「条例検討委員会」と「サポートセンター開設委員会」を設置し具体的な方策を検討した。

　行政の動きとは別に、1996年から活動を開始していた「藤沢市市民運動推進連絡会（現・藤沢市民活動推進機構）」は、1998年に非営利活動団体の運営等の自主学習会を実施するなど調査研究を開始し、2000年12月には、「市民活動支援フォーラムPart1」を開催した。その後、「Part2」「Part3」は行政主催の開設委員会の報告会形式で開催され、「Part4」は、市民主催で開催した。すでに「ふじさわ総合計画2020」の基本計画には、「支援組織は、公設市民運営」との記述があり、自主的に活動している市民組織にとって、興味深いフォーラムとなった。

　公設市民運営を実現させるための手法として藤沢市が選んだのは「企画コンペ方式」だった。コンペに名乗りを上げた団体は2組織。書類選考が行われ、公開プレゼンテーション後の公開選考審議の結果、特定非営利活動法人藤沢市市民活動推進連絡会の企画が採択され、藤沢駅から徒歩10分の民間雑居ビル2階449m^{2}の空間を託されることが決定した。藤沢市では唯一無二の施設であり、運営方式も含め、初めてづくしの市民活動支援はここから始まった。

　開館から21年が過ぎ、幸せなことに当法人による管理運営が続いている。与えられた空間に詰め込んできたのは、当法人の強みであった、地域

活動の実践値と経験値に加え、全国に広がる市民活動支援策に藤沢らしさを加味した企画を実施するなど、日々進化を続けている。

　2023年現在、藤沢市の市民活動推進施設は、推進センターとプラザむつあいの2ヵ所となり、毎日合わせて100名程度の市民が利用し、市内に事務所を持つ特定非営利活動法人は、設立当初10法人程度であったが、2023年9月末では221法人を数えるまでに増えている。開設当初にはなかった新しい機能として、推進センターには、他セクターと協働することを前提にした相談対応者として「協働コーディネーター」の配置や、分館のプラザむつあいには、六会地区の人材センターが同居し、相談業務のバリエーションを増やしている。

　一方で、運営団体である「藤沢市民活動推進機構」は、正会員数は設立当初と変わらず20名程度だが、有償のスタッフは常勤非常勤合計で25名と事業規模に併せて増えてきている。活動目的として掲げている、市民活動組織の支援を通じたまちづくり団体としての自主事業が拡大してきている。市民活動施設の運営は続けているが、まちの活性化に向けた事業として、農業や水産業と就労に困難を抱える市民とのマッチング事業「農福連携事業」「水福連携事業」のための調整や、調整のできる人材育成を手掛けている。また、市民まつり、メタバースイベントなど、市民が楽しむ事業へのサポートも実施しており、「つなぐ・支える・うごく」のスローガンのもと、メンバーのアイディアを実装し続けている。

　ここで、実働スタッフのアイディアを実装した特徴的なオリジナル企画を紹介する。

2　市民活動への参加の入り口　−サポートクラブ−

　開設当初委託業務の仕様書にあった、運営に「市民の力を巻き込む仕組みの構築」は、当時高次機能といわれていた。藤沢市には、すでに社会福祉協議会が開設している「ボランティアセンター」があり、ボランティア

を希望する市民のサポートは実施しており、前述の「市民集会」「くらし・まちづくり会議」や「市民電子会議室」の取り組みがあり、市民が自主的に社会貢献活動に関わる仕組みは進んでいた。そのような中で、当法人は「サポートクラブ」として事業化すべく企画提案書を作成していた。開設から、半年間は訪れる市民の動きを調査し、その結果、当初はすでに活動をされている市民（個人や団体）をメインターゲットに、活動を広げたい市民の登録を開始することに決定した。

2001年7月1日発行の会報誌『NEWS LETTER』に「多様な市民活動の支援および市民活動の裾野の拡大に向けて、幅広く個人や団体の力を結集する仕組み『サポートクラブ』を設立します」とある。徐々に登録者が増え、サポートクラブのメンバーによる学習会や交流会も自主事業として開催できるようになっていき、一定の成果が見られるようになっていった。

開館から1年後には、活動を始めたいというボランティア未経験の市民からの相談が増え、ボランティア希望人材バンクを創設しようかとも考えた。しかしながら、それではマッチングが済むまで活動の開始はできない。当時もセンターには100団体以上が登録し、出会うチャンスはいくらでもあるように思え、センター内で何か動きをしながら活動先を探すことで、より自分らしいボランティア活動先が見つかる可能性は高いと考えた。とにかく次に来館する日程を予定に入れることから始めるためには、何らかの理由が必要になるため、サポートクラブへの登録を進めることにした。

サポートクラブには1年で20名程度の登録があり、その中で既存の活動団体へ入会した市民も少しずつ増えてきた。中には、センター内の活動が気に入り、現在も続けている市民も存在する。活動団体のメンバーとして活動していたが、サポートクラブに戻ったメンバーも出てくるようになった。現在サポートクラブメンバーは100名を超え、月に一度の会報誌の郵送準備、開催研修のサポート、廃棄書類のシュレッダー作業、保存資料のスキャンなど事務作業から、ITサポートクラブのメンバーに至っては、週1回の「IT何でも相談会」と「IT関係セミナー」の開催など様々な場面で

写真12・1　2021年度サポーター交流会

活躍している。

　設立当初のメンバーの中には、士業の皆様もおられたので、2011年度からは新たにに「アドバイザーメンバー」として登録をお願いし、現時点では、弁護士や税理士、弁理士、司法書士、行政書士の先生方と、広報周りの各種デザイナーの皆さま、IT系資格保持者など20名の方にご協力いただいている。中でも「NPOを取り巻く16人の専門家」に登場していただいている先生方にはボランティア精神のもと専門相談をお受けいただくことができている。

3 若年層の地域参加のきっかけづくり
―学生インターンプログラム―

　学生への市民活動の紹介事業の開始は、2010年に遡る。一つ目は、ボランティア応援マガジン『VOLUNTEERS』の発刊。本誌は、高校生を中心とした学生向けに編集し、2011年4月に2万部を製作し、市内中学校と高等学校に向け配布を開始し、現在も発行している。

　二つ目は、NPO見本市の開催である。『VOLUNTEERS』の配布先とし

て想定していた、市内中学校や近隣の県立高等学校への出張イベントを企画し、NPO等の紹介を始めた。登録団体の中から学生向けワークショップのできる10 〜 15団体程度を選抜し、チームを編成、各学校の体育館を活用してスタンプラリー風に回遊して体験を進める。開始前には簡単なNPOとボランティアに関する研修と、体験終了後には感想やアンケートを実施する。本事業の大きな目的は、若年層へのアプローチと活動団体の活動成果の発表の場の提供の2本立てであった。時期を同じくして、文部科学省の指導による「総合的な学習の時間」の実施に悩んでいた教員の目に留まったこともあいまって本事業が実行できていた。その後、コロナ禍もあり、実施できなかったが、2023年度市内の高等学校から依頼があり、実施を予定している。

　上記2事業の経験をもとに、2014年よりトヨタ財団のご協力を得て開始した「ワカモノ×NPOインターンシップ事業」は2023年で10年目を迎えた。「見本市」を企画したときと同様に、活動団体の地域貢献に資する姿勢をできるだけ早く若い世代に伝え、まちづくりは市民が担っている部分があることを知ることによる社会的な感性の醸成や、人生100年時代に入り、経済的な活動のみを生きがいとして社会生活を送ることが難しい時代の生き方を考えるきっかけを提供できたらとの想いを形にした。

　6ヵ月にわたるインターン期間も生活の一部になるための期間設定であり、当初は大学生を中心に展開していたが、やはり早い時期の経験が進学や進路へのサポートになることが考えられるため、2018年より高校生の参加を募り同一プログラムを実施したところ、それぞれの年代に応じた相乗効果が見えたこともあり、現在は積極的に募っている。本プログラムの特徴は、単にインターン先における経験値を高めることだけではなく、同期生や先輩サポートメンバーと約6ヵ月にわたり関係を持つことにより、インターン生が循環し相互研鑽型になっていることや、同期のインターン生が協力して企画する合宿や報告会の実施、年度報告書の制作、インターン受け入れ団体の情報共有会などがあげられる。なお、当初の計画では、

経済的に困難を抱える学生が増えている現状から、インターン生には活動報奨金を、インターンを受入れする市民活動組織には人的負担を軽減するため受入謝金を予算に入れていたが、独自財源の減少により、現在ではインターン生の活動奨励金のみとなっている。

4 県内支援組織間のネットワークづくり
―つながりのフックを作り出す―

　日本NPOセンターの統計資料によれば2023年9月現在、日本全国には363ヵ所あるとされている市民活動支援施設の内、13％に当たる48ヵ所が神奈川県内に存在する。神奈川県内に事務所を持つNPO法人は全国の約10％に満たないことを考えると、支援施設や支援策が充実していると言える。

　しかしながら、それぞれの基礎自治体の個別の予算で設立され、運営形態も支援策や事業仕様も各市町の特徴が反映されるため多様で、横のつながりは構築しにくい。公設公営の神奈川県民活動サポートセンターとNPOへの支援策を実行しているとともに、NPO法人の認証等を預かっているNPO協働推進課が、年に一度情報交流会を開催しているものの、顔の見える関係となるのはなかなか難しいのが現状だ。また、各市町の民営化されている施設は、市町に根差した活動を展開している中間支援組織が、一定期間の運営を指定管理者制度や委託といった契約で運営を担っているため、中間支援組織の力量の積み上げや、連携がとりにくい構造になっていた。

　多くの書類がPCで作成され始め、市民活動団体としても必要備品となったPCではあるが、ほとんどの組織で、個人所有の物を使用していた。個人情報保護条例が施行され、団体所有のPCを取得する必要が出ていたが、そこに予算をかける余裕のある団体は少なかった。そこで、リユースPCの寄贈プログラムを実施していた「NPO法人イーパーツ」様と協定を

結び、「ふじさわイーパーツリユースPC 寄贈プログラム」を開始した。2014年には、近隣市町へもお声掛けし、「かながわイーパーツリユースPC 寄贈プログラム」と名称も変更し、12ヵ所の支援組織と合同開催するに至った。申し込みから寄贈式までの6ヵ月以上にわたる共同作業の中で、各地の支援組織の実情や悩みなども共有することができ、市町間の距離が徐々に縮まっていった。残念ながら、リユースPCの需要の高まりは、年一度のプログラムでは対応が難しくなり、「NPO法人イーパーツ」様への直接の寄贈希望をサポートする方式となったため、2017年を最後に、合同プログラムは実施していないが、各地の支援組織との連絡は現在もかなりスムーズに行われており、協力関係にあったどの支援組織も同じ思いと受け止めている。本事業は、県域の支援組織とのネットワークを構築するための企画ではなかったものの、ネットワーク構築のフックとなり、成果として緩やかなネットワークができたと言える。

　「かながわイーパーツリユースPC 寄贈プログラム」の実質的な終了時期の2017年頃、中間支援組織の支援対象である市民活動組織は、組織規模からテーマ、地域性などに加え、社会課題の多様化や深刻化が進んだこともあり、多彩な取り組みが繰り広げられていたため、組織そのものの力量を超えている様子が窺われた。そして当法人は、ネットワークづくりの新しいフックを模索していた。まちを元気にするための取り組みを実行する組織の基盤強化が急務と捉え、それぞれの組織の課題と考えられる箇所の強化や組織特性を伸ばす支援ができないかと考えた。組織の課題を明らかにする方法は評価手法として数多く存在するが、そもそも自主自立の精神で活動している組織体が、外部評価による課題の抽出を受けるハードルはかなり高い。そこで、組織内の多くの関係者を巻き込んだ自己診断による組織課題の洗い出しから、自浄作用による解決への道筋を支援する「組織を支える17の視点」を開発した。組織課題の解決に向けたステップは4段階。

　①組織の多くの関係者（10名以上が望ましい）が、17問のチェックシ

ートに回答（所要時間15分程度）。

②結果を集計シートに入力。即時診断結果が自動で生成。

③診断結果から読み取れた組織の課題をメンバーで共有。

④今後に向けた方針や課題への対応を自組織で検討し実行。

対応や改善策を検討する中で、外部の支援者によるサポートが必要な場合は、「かながわイーパーツリユースPC寄贈プログラム」の経験を活かし、身近な中間支援施設や組織に相談できる仕掛けも創り、緩やかなネットワークの再構築を目論んだ。

コロナ禍前の2018〜2019年度に開発し、2020年度、2021年度と神奈川県基金21成長支援制度の中で展開し、2019年度から現在まで本プログラムの活用団体は50を超え、組織課題の改善への足掛かりを提供でき、

図表12・1　「組織を支える17の視点」自己診断集計結果表

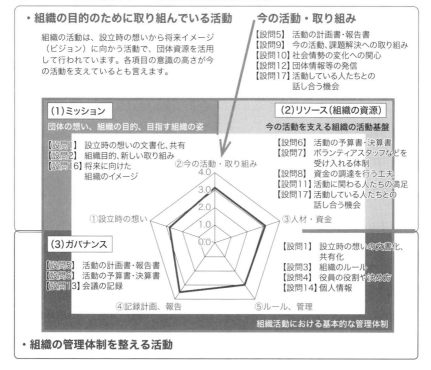

改善に向かった団体からの声が届いている。そして、神奈川県域の各市町の中間支援施設や組織へのノウハウ移転を9ヵ所に実施し、それぞれの支援組織が支援力の一つとして取り入れることができている。手順を踏み、自動生成されたデータを組織関係者と一緒に見ることで、改善ポイントや手法などは組織の中で共有したものとなり、経験や特別なスキルを持つ必要がなく、誰でも関わることのできる、組織基盤強化の仕組みとなったのではないかと自負している。

　そして何より、複数の支援施設のメンバーにディスカッションできる場を提供し、それぞれの支援施設の特徴や悩みを分かち合えたことは大きな成果と捉えている。年に一度の情報交換会を実施しただけでは得られることのない、同窓意識が生まれたのではないかと思う。中間支援施設として限られた市町エリアの支援策は様々あるが、共通事案を見つけ出し、解決のために一度は同じ方向を見る機会に参画することが、再び「緩やかなネットワーク」の構築につながっていった。今後、本ツールに関わりを持っていただいた全てのメンバーとともにブラッシュアップしていき、県内支援施設への普及も実施し、幅広い「緩やかなネットワーク構築」につなげていきたい。

13章

まちの中間支援

石原 達也

　NPO法人岡山NPOセンター、NPO法人みんなの集落研究所、PS瀬戸内株式会社、どれも筆者が代表を務める中間支援組織である。また、一般社団法人北長瀬エリアマネジメントも広い意味で中間支援的な事業を行うまちづくり会社として経営している。SDGsネットワークおかやま、災害支援ネットワークおかやまというセクターを超えたネットワークも中間支援と捉える人もいる。このように一言で中間支援組織と言っても多様な分野・役割があることを現場での実践から感じている。これらの仕事を始めて約20年。その間、自らの仕事について「中間支援とは何か」「支援とは何か」と問いながらやってきた。その一端を本稿で少しでもお伝えしたい。

1　中間支援はどこから生まれてきたのか

　NPO法が成立して25年を迎えた。多くの先輩たちの働きで、これまでボランティアや慈善活動などと呼ばれていた市民による取り組みに、組織的な概念も含めて「名前がつく」ことで理解が広がり、各地で設立促進等の施策も行われ、今では「NPO」という言葉が一般に通じる世の中となった。では、NPOというものは日本にそれまで存在していなかったのか

と言えば当然そうではなく、それ以前から地域では市民運動や慈善事業と呼ばれる多くの市民による取り組みがあった。では、中間支援はどうか。これもまた、様々な立場の先人が今、私たちがしている「中間支援機能」を担ってきた。

　例えば、時代劇の主人公はチャンバラだけでなく町民や武家の困りごとを聞き、それを解決する人を探し説得する役割を担うことも多く、私たちの仕事に照らし合わせれば中間支援機能だと言える。個人的にも好きな昭和〜平成の探偵ドラマや映画の主人公も同じように探偵の仕事と合わせて、人を匿う、マイノリティに寄り添い理解者につなぐなど、支援機能も果たしている。また、石井十次さんに対する大原孫三郎さんの支援など篤志家とも呼ばれる先輩社会事業家による取り組みには資金支援や経営支援など中間支援的な部分も多い。つまり、多様な人が集まって暮らすまちには当事者同士だけでは解決できない問題が起きることが多々あり、そこには、その問題解決の取り組みをサポートする役割や解決できる人をつなぐ役割も自然と生まれてくるということである。現在でもSIB（ソーシャルインパクトボンド）や再エネ普及、まちづくり、福祉等の様々な現場で中間支援が求められるのも当然のことである。地域の中で中間支援としての役割を模索すればするほど、まちでの町民たちによる取り組みや困りごとへの助太刀や手助けと同じく町民の中のお節介役がすること、「まちむらでの暮らし」の中での市民による自発的な「変えるための営み」を支えることこそ自分たちの文脈だと実感する。

　そう考えれば、この25年のNPOに対する中間支援は近年の大きなトピックスではあるが、全てでも前提でもなく、町内会や地域運営組織等の地域組織に対する支援や、関係者が話し合う場の設定や合同で取り組むプロジェクトの支援、当事者によるアドボカシーの支援などは、当然、私たち中間支援の役割であり、珍しいことではないのかもしれない。ただ、そこでもう一つ考えるべきはNPOが増えていること、地域組織に支援が必要なこと、当事者が声をあげて行動する支援が必要なこと、どれも現代の社

会背景から起きている変化だということである。

　言うまでもなく日本は人口減少が進むとともに、世界情勢の変化やテクノロジーの発展、海外とも交流する中で形成されてきた文化や人権意識などにより、これまでの社会システムが機能しない状況が生まれてきている。そして、その社会システムを補うための「市民による手当」としてNPOが増え、その活動も多様化するとともに、NPOなしでは成り立たない分野や場面が増えるなど、大きな役割を担うようになっている。一方で人口構造とライフスタイルが変化し、居住地と職場が離れる中で、町内会は加入者の減少や担い手不足に課題を抱える一方で、民間サービスでは経済的に成り立たないことから共助に求められる役割も増える状況となっている。マイナスをゼロやプラスにする課題解決を行うNPOが増え、また地域組織にも課題解決が求められる状況となっていることは、それだけ問題が多い社会に私たちは暮らしているということでもある。まちを人に当てはめると傷や打ち身だらけで沢山の病気にかかっている状況であり、その傷や

図表13・1　取り組む支援の全体像

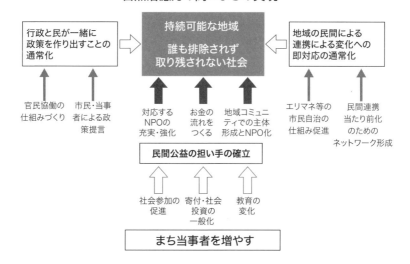

打ち身をつくらない・増やさない、または、たとえ罹っても小さなうちに回復できる「自然治癒力の高いまち」を現代的に生み出すことが必要である。そこで岡山NPOセンターではこの「自然治癒力の高いまちの実現を目指す」をスローガンとして掲げている。

2　自然治癒力の高いまちを目指す中間支援

　では、自然治癒力が高いとはどういうことか。多くの社会課題は人間によって生み出されている。そのため、人それぞれの意識や行動が変わることや仕組みを変えることで解決できる問題も多い。いわゆる今の「普通」を変えていくことだ。それを変えられるのは当事者であり、企業であれば経営者や従業員、学校であれば教育委員会や先生や生徒、地域コミュニティでは町内会の役員や会員である。こうした、まちを構成する人たちが当事者意識をもって、まちに関わる「まちの当事者を増やす」ことが自然治癒力の高いまち、「持続可能な地域」であり「誰も排除されず取り残されない社会」の実現につながると考えている。そのために、図表13・1に示すアプローチを経営する各組織で行っている。

　岡山NPOセンターでは、課題に対応するNPOの充実・強化を「NPO事務支援センター」という部署で担い、具体的にはNPOの設立や経営相談やセミナー開催だけでなく、経理代行などのバックオフィス支援や税理士や社労士などのNPOに理解のある専門家との交流の機会づくり、NPO法人事務に関する検定試験の開発と実施などにも取り組んでいる。また民間連携を当たり前にするネットワーク形成や市民・当事者による政策提言、官民協働の仕組みづくりには「地域連携センター」という部署で取り組んでいる。具体的には県内自治体の協働条例や推進計画などの仕組みづくりや官民・民民の協働事業のプロジェクトマネジメントなど、様々なネットワーク形成を行っている。そのうちの一つである災害支援ネットワークおかやまは西日本豪雨での災害支援を契機に設立し、現在は支援のDX化と

して物資支援や情報共有のシステム開発などにも取り組んでいる。また、SDGsネットワークおかやまではアドボカシーを主たる役割として、気候変動対策に関するパブリックコメントの促進や取り組む企業に対する支援の官民協働での実施、また後述する高校生による探求学習から生まれた提言の支援などに取り組んでいる。そして、社会参加の促進や教育の変化、寄附・社会投資の一般化には「参画推進センター」という部署で取り組んでおり、大学等の授業やNPO等へのインターンシップのコーディネート、ボランティア参加の促進として募集支援やマッチングだけでなく、高校生による社会的な取り組みを対象とした高校生ボランティアアワードを10年以上続けるとともに、寄付促進として地元新聞社と子どもの支援に関する「KOTOMO基金」という基金の立ち上げも行った。あわせて、地域連携センターとも連携しながら、コーダ[注1]やヤングケアラー、適応障害など様々な当事者の方に話を聞く「よる会」という取り組みも行っている。

　また、詳細は後述するがみんなの集落研究所では地域コミュニティでの主体形成とNPO（課題解決組織）化を中心に、行政や学校との連携も含めて地域組織に特化して支援を行っている。こうした地域組織の動きは農村地域や離島などで盛んであるが、一方で主要都市の中心部では店舗や拠点を構える企業を含めたまちの関係者によるエリアマネジメントの取り組みが進んできている。当方でもJR北長瀬駅前を中心としたエリアマネジメントに取り組む組織として一般社団法人北長瀬エリアマネジメントを同地で商業施設開発を行う大和リース株式会社と設立。ウェルビーイングなまちづくりを目指して、住民によるイベントや活動の支援や情報紙づくり、公園での活動支援などに取り組んでいる。これらは市街地と農村地域の違いはあるが、そこに住む人たちによる地域自治の取り組みとしては共通項も多く、注目すべき動きである。

　その他に、寄附仲介の機能として2012年には岡山NPOセンターが母体となり、530人の市民寄付を基本財産とした市民コミュニティ財団である公益財団法人みんなでつくる財団おかやまの設立にも取り組んだ。また、

社会的投資を推進するために2018年には「PS瀬戸内株式会社」を設立。おかやまケンコー大作戦という岡山市のSIB事業で中間支援組織を担った。これら二つの組織は新たなお金の流れ、地域内での資金循環の仕組みとして設立したものである。コミュニティ財団はアメリカで生まれたコンセプトであるが、今後の日本において地域で寄附や社会的投資などの税金とは異なる資金の流れをつくる役割は重要である。国内では2009年以降に各地で都道府県域を支援対象として市民による寄附で設立が続いていたが、近年は市町村域やニュータウンなど、より暮らしの範囲を支援対象とした市民コミュニティ財団が次々と設立されていることも特徴である。

　これらの組織は、まちに必要な機能として設立し運営しているものである。法人格も様々であるが、それぞれの機能を考えた上で最適なものを選んでいる。各組織や事業についてそれぞれのねらいや機能を詳しくお伝えしたいが、限られた紙幅であるため、特に重視している「まちの当事者を増やす」ことにつながる、地域組織のエンパワメント支援と当事者によるアドボカシー支援についてお伝えしたい。

3　当事者による行動を支援する①
―地域組織のエンパワメント支援―

　前述のとおり、日本全体で起きている人口の減少と構成の変化、そしてライフスタイルの変化により、農村地域や山間地、離島などを中心にこれまで通りの暮らしを行うことが難しい状況が起きている。利用者が減ることにより商業的に成り立たず、公共交通やスーパーなどの撤退が続き、これにより病院や買い物に行けない高齢者などが増えている。また、働き方も、どの世帯も田畑をもち兼業でも農家をしていた状況から、共働きで市街地の企業に夫婦共に通勤する世帯中心に変化したことにより、農業用水の維持などの共同作業への参加意義が低下し、またプライバシーの意識や煩わしさから地域組織への加入や共同作業への参加も減っている。まさに

過渡期の中で起きているこれらの課題は市町村自治体内でも地域差があるため、その対応は共助の範囲として地域組織に期待されている。しかし、これまではお祭りなどの行事開催が役割の中心で、かつ「役員のなり手がいない」が共通課題の自治会などが今のまま取り組むことは困難である。そこで範囲を少し広げて、小学校区や大字単位で組織をつくって課題解決に取り組む組織を地域運営組織（RMO）と呼び、その組織が地域内の様々な課題解決に住民主体で取り組むことを「小規模多機能自治」と呼んでいる。みんなの集落研究所ではRMOの設立や小規模多機能自治の実践支援を中心に、地方自治体がRMOと協働して地域課題解決に取り組む体制づくりの支援を行っている。

　地域で人口減により起きる課題は多岐にわたり、暮らす人が減ることで空き家や耕作放棄地、放置林が増え、また民家が点在することによる災害時の避難などの防災面での見直し、普段の見守りや生活支援としての福祉も必要であり、そこには移動が大きな役割として関わっている。地域ではこれらの課題はつながって起きているのであるが、地方自治体の中ではそれぞれ農林課や住宅課、土木課、危機管理課、福祉課、交通課などのように別の部署となっている。地域での取り組みを政策とも連携した形で行うにはこれらの縦割りを超えた庁内連携が必要である。そこで、この庁内連携と地域組織間連携、個別地域支援の三つを大きな柱として、みんなの集落研究所では支援している。具体的には、複数部署が参加する自治体庁内連携会議の運営支援や支援の根拠となる条例やガイドラインなどの策定支援、地域組織の代表者による会議や取り組み共有の場などの企画運営、そして、個別地域での組織と事業づくりの支援である。

　この中でも重要なのはNPOと地域組織では、主体となる人に「課題解決の担い手になる意思が最初からあるわけではない」という点が大きく違うことである。NPOは森林保護やゴミ問題、引きこもりの支援など、ある社会課題を解決したい人の集団であるが、地域組織はそもそも課題解決のための組織ではない。当然、解決を目指す課題も決まっておらず、自身

が担うかも決まっていない。そこで必要なのが、共通課題の認識と選択、そして解決の担い手への意識変化である。みんなの集落研究所では、そのために現状の地域リーダーや地域役員の方々と四つの段階を踏んでいく支援をしている。まずは、家長だけでなく全住民を対象としたアンケートやヒアリングなどの「しらべる」を通じて住民共通の課題意識や優先課題を明らかにする。設問も丁寧に一緒に考え、うごくために必要な問いを入れる。次に、そのアンケートを集計分析した結果を、そのアンケートに回答した方々に「つたえる」機会を設ける。アンケートの結果報告会を企画し回答者に丁寧な案内をすれば普段は役員ではないからと参加しない人も参加してくれることがある。そして、その際に「はなす」場をつくる。アンケートで明らかになった多くの人が課題意識を持つ問題に対して、それぞれの考えを話すうちに解決策が出てくる。この場のコーディネートやファシリテートを支えることが重要な役割である。問いや考える順番を参加者や地域の過去の取り組みをふまえて設定し、その場で解決を目指すものの選択や優先順位づけをすることを促す。そこから具体的な行動計画から「うごく」ことになる。これら四つの段階を地域の役員やリーダーなど最初の主体となる人と話し合って支えている。当然、実際にはそう簡単に進むわけではなく、アンケートの聞き方、結果の見せ方、説明の仕方、机の配置、声掛けの言葉、服装も含めた所作など適切な場づくりのための工夫とその積み重ねが必要であり、中間支援組織としての力量が求められる。

　これらの取り組みを通じて感じるのは、誰もが問題意識がないわけではなく、それをコミュニティの中で確認する機会や一緒に動くことを承認する機会が足りないだけだということである。過去の農村文化と農中心の暮らしとその延長線上であった社会システムから変化していくためには、このように地域組織の役割を再定義し当事者の力を引き出す機会が必要である。また、これは地方自治体も同じであり、多くの地域運営組織が従来の町内会と地方自治体との間の大字や小学校区単位で形成され、そのレイヤーで役割を補完する存在であることをふまえれば、権限移譲や財源も含め

て地方自治体も共に変化していくことが必須である。地域組織の支援だけでなく、この双方の変化のためにお互いの意思や希望を翻訳して伝え、つないでいくことも中間支援組織としての重要な役割であると感じている。

4 当事者による行動を支援する② ―アドボカシー支援―

　SDGsという世界共通目標など、日本を世界の中で見た際にどのような状況なのかを示す調査の結果や情報もインターネットにより入手しやすくなり、また国際社会の中で日本のある面での遅れも指摘されることが増えてきた。例えばジェンダーギャップ指数などで日本は先進国の中でも低い位置にあるが、これを改善するためには課題の当事者である子育て世代や学生などライフステージを同じくする人が当事者として社会システムを変えていくことも重要だ。当方では前述のとおりSDGsネットワークおかやまの取り組みなどでこうした行動を支援している。ここでは具体例をいくつか紹介したい。

　一つが子育て世代によるユニークなアドボカシーの取り組みである。育児休暇については、多くの調査で母親よりも父親の取得率が著しく低いことやその一因として職場内での言い出しにくさが指摘されている。そこで、言い出しにくさの背景にある父親母親の固定した役割意識に疑問を感じた

図表13・2　親バカ会のバナー

人、仕事と子育てを二分するのではなく、そのどちらも楽しむ意識こそ大切にしたい人などの子育て世代有志が集まって開催されたのが「ぜんにっぽん親バカの会・岡山大会」である［図表13・2］。まずは「自身の子どもが好きだ」ということを公明正大に言える社会を目指そうと取り組まれたが、実は、岡山大会と銘打っているが岡山でしか開催しておらず、ぜんにっぽんと言っているが全国にあるわけではない。だが、そうしたユーモアこそ、子育てを楽しく前向きに捉える社会づくりに必要だと、イベント内容もステージでの親バカ宣言、親バカ自慢の写真展、親子で安心して食べられるマルシェなどで構成し、様々な世代の参加を得た。「親バカである」と言い合える社会を土台に、育休の取得や子育てに合わせた勤務調整などの組織の制度や意識だけでなく、広く公共の場でのベビーカーや子連れの方への意識が変わっていくことを目指して次の企画が進んでいる。こうした暮らしの中でのアドボカシーとしては、その他にも学生が子どもの権利条約をデザインしたトートバックを持って普段遊んでいる駅前を歩き、同条約についてカフェなどで話す、という形式でのキャンペーンを開催するなど、新しい方法やあり方を当事者と共に模索し、支援している。

　もう一つは学生が当事者として学内を変えていくアドボカシーの支援である。岡山県内の多くの高校では探求学習が導入されているが、岡山市立岡山後楽館高等学校のある生徒たちは「生理」をテーマに探求を行った。生徒たちは生理の貧困と呼ばれる問題を調べていく中で、そこに経済的な貧困だけでなく、生理に対する理解や認識の不足があることを知り、生理用品の扱いについて疑問を持った。今では学校や公共施設にトイレットペーパーが設置され無料で使えるのは当たり前になったが、過去には駅などの施設では有料で販売されていた。衛生面のことや誰しもに必要であるからこそ設置されているならば、同じく生理がある人に必要な生理用品も無料で設置され、急なことでも困らないようにするべきではないか。そう考えた生徒たちは生理革命委員会と自らの活動を名付け、学内での設置実験を経て、様々な党派の県議・市議との対話を経て具体的な政策提言へと取

り組んだ。提言にあたって実行力を高めるためにクラウドファンディングで生理用品の購入資金を集め、その結果と、ウェブ上で集めた署名をもって岡山県教育委員会への提言と岡山県議会への陳情を行い、採択をされた。

これら一連の過程と陳情採択後の県内高校へ広げる取り組みを継続的に支援している。ここでも基本となっているのは地域組織の支援で示した「しらべる・つたえる・はなす・うごく」である。基本を軸に伴走することで、誰もが社会の仕組みを変える行動に踏み出せるまちの実現を目指している。

5 中間支援に求められる資質と技能

ここまで紹介したような中間支援組織としての役割を果たしていくためには、筆者は四つの資質を伸ばし続けることが必要であると考えている［図表13·3］。まず大切なのは、自身が中間支援に取り組んでいく「意思と覚悟」があること。そして、私たちのようにある地域で取り組んでいくためには中間支援としての働きをすることが周囲に理解されるような立ち位置が形成できている、または形成していく意識があること。この二つが基盤となる。そして、実際に取り組んでいくためには、「先を読む」意識と力が必要である。先を読むには多くの方から情報や示唆を得る必要があり、立ち位置が理解できていなければ有用な情報が得られない。そして最後が「手順化」である。先を読み、次に必要なこと、備えるべきことが分かっても、それを行っていくべき手順を考え、一つずつ進めて行けなければ現実は変わっていかない。評論家ではなく実務家であるために必須となる資質である。冒頭に示した武家や町民の時代から中間支援を担う人材にはこれらが備わっていたのではないかと考えている。

現在、これら四つの資質を基盤に、必要とされる技能を学ぶ機会を設けることで、中間支援の人材や組織同士が成長し合う機会をつくりたいと考えている。その一つとして中国地方の中間支援組織で構成する「中国5県中間支援組織連絡協議会」として研修の機会を定期的に設け始めている。

中間支援人材に必要な資質と技能(仮説)

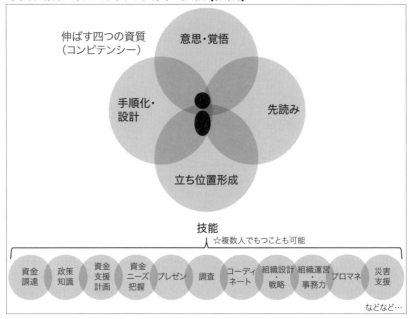

今後、この取り組みが様々な分野で求められていく中間支援組織の人材を育成する一つの柱となることを目指していきたい。

6 「日本が、地域が、これからどうなるか」の 問いから逃げない

　最後に、いち中間支援人として考えていることを一つ共有したい。ここまでに示した地域運営組織の支援などに直結するが、日本は2030年問題、2040年問題と語られるように人口減少がさらに進み、社会システムを見直すべき時代となっている。地域組織が課題解決型に変わっていく今の状況は、この人口減の中で起きている問題への対処であるが、やがてさらに人口減が進む中で問題の内容や質は変わり、それにあわせて対処も変えて

図表13・4　まちむらの機能再構築と計画的過疎

村の機能再構築(新たな都市計画)と計画的過疎

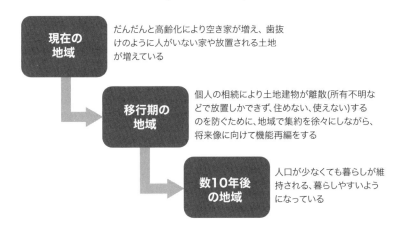

現在の地域　だんだんと高齢化により空き家が増え、歯抜けのように人がいない家や放置される土地が増えている

移行期の地域　個人の相続により土地建物が離散(所有不明などで放置しかできず、住めない、使えない)するのを防ぐために、地域で集約を徐々にしながら、将来像に向けて機能再編をする

数10年後の地域　人口が少なくても暮らしが維持される、暮らしやすいようになっている

いく必要がある。日本全体の人口が減る中で、これまでの半分、地域によっては10分の1に近い人口の集落となっていく可能性がある。その際に少ない人口でも暮らし続けられる機能を有するためには、人は減っても年代構成をみると各世代が満遍なく住んでいる、必要な機能は集約され行き来できる交通網ができているなど、少人数でも暮らせるまちむらへの計画的な移行が必要ではないだろうか。これを仮に、計画的に減少をしていく計画的過疎と呼ぶならば、それを見据えた30年後のまちづくり計画こそ、いま必要である。こうした未来を見据えた計画づくりとそれに向けた行動、そしてそれを支えられる中間支援が求められていくのではないだろうか。

註
1　コーダ（Coda）はChildren of Deaf Adultsの略で、聴力障害のある親のもとで育った健聴者の子どもを指す。

14章

アウトリーチ型中間支援の実践と その意味

小野寺 浩樹

1　中間支援は、組織なのか？ 施設なのか？ 機能なのか？

いちのせき市民活動センターのはじまり

　いちのせき市民活動センターが事業を開始したのは2005年のことである。当時は、「中間支援」というと"NPOを支援するNPO"がメインの時代で、NPO法人せんだい・みやぎNPOセンターや同法人が運営する仙台市市民活動サポートセンターの取り組みが注目され、仙台モデルを追うように中間支援の取り組みが広がっていた。岩手県も同様に中間支援のモデル事業が始まり、当センターは、一関市が合併した2005年に開設（岩手県委託事業で、NPO法人レスパイトハウス・ハンズが受託している）している。

　開設当初は仙台モデルに学び事業を創ったが、仙台モデルに倣おうとしても、当時の当センターは、JR一ノ関駅前にあるビル5階のワンフロアに子育て支援団体と同居し、デスク1台とミーティングテーブルを置くだけで、他の中間支援センターのようなNPOが利用する作業スペースや貸事務所などの拠点機能は持ち合わせていなかったのである。また、一関市で

は、NPO法人は自前の拠点を構えて事業を行っていることが多く、任意団体は公民館など公共施設で活動しており、仮に拠点を整備しても利用されることは期待できる状況ではなかった。合併後の一関市は東西で約63キロあり、地理的に考えても1ヵ所のみのNPO支援センターは、ニーズがなかったように思う。そもそも地方都市においては、支援対象となるNPO自体が少ない中で「NPOの支援施設」と名乗っていながらも、駆け出しの我々にはノウハウもなく、"支援する"なんて声を大きくして宣言できる自信もなかった。ふり返ってみれば、拠点整備をしなかったのが幸いとまでは言わないが、拠点施設に縛られず、自らが動く体制にすることができたのは偶然の賜物である。

　このように開設してからの3年間は、当時人口12万人規模のまちに必要な「中間支援」とは何かを模索していた時期であった。一関市ではNPO支援に特化してもニーズは低く、生活基盤となる地域コミュニティの活動が主となっており、地域コミュニティの支援をしていく必要性をずっと感じていたからである。そして2008年、合併から3年が経過した一関市は、「協働のまちづくり」を宣言している。この時から一関市の委託（「市民活動推進事業」としてNPO法人レスパイトハウス・ハンズが受託し、センターを開設）になり、地域協働支援としてNPOと地域コミュニティの支援に本格的に取り組み始めた。

　地域コミュニティとNPOは、地域を支える主体の二者であり両輪でもある。テーマ型の活動が基本であるNPOの機能だけを強化しても、地域コミュニティの機能は弱いままである。逆に、地域コミュニティの機能強化に努めていくと、地縁型の中からテーマ型の取り組みが生まれ、それがNPOに成長していくことがあるため、双方を支援し、互いの必要性を掛け算していきたいという考えに至る。それは、今も変わっていない。最近は、地域コミュニティを支援する中間支援が求められるようになってきているが、地域コミュニティを支援する中間支援があればうまくいくという発想は、落とし穴にはまるだけなので気を付けるべきである。

必要なのは「寄り添い」と「処方箋」

　これまで自治会や集落などの地縁組織が担ってきた地域生活を送るための機能や仕組みに支障が出始めている。そうした現状に対し、地方創生の動きも受けて、従来の自治会や集落の機能を補完する地域運営組織（以下、RMO）の設立が進められ、RMOが機能していくために、中間支援の役割も期待されるようになっている。ここで注意したいのが、課題解決という言葉である。課題解決への特効薬はないのだが、ない中で成すべきことは「どんな状況が、何を引き起こしているか」を分析することであり、それに対して処方してあげることが支援者の役割だと考えている。決してお薬を出してあげることではない。

　地域住民からしたら課題解決という言葉を使う人が素晴らしく見えてしまうのは仕方のないことである。誰かを頼りたい気持ちはよく分かるが、他力本願的になってしまっては、支援者がいなくなった途端に持続性がなくなってしまう。大事なのは自治力の向上であり、そのためには、やってあげることではなく、共に考え、道筋を整理し、やろうという気持ちを高めていくことが大切であると考えている。そのために寄り添うのが当センターの支援スタイルである。寄り添い方にも、いくつかのパターンがあり、状況を見ているだけの「見るだけ支援」、その場に一緒にいるだけの「いるだけ支援」、ファシリテーターとして介入したりする「直接支援」を、その状況に応じて使い分けている。支援者だからと言って、いつも全力投球で支援しなければいけないのではなく、緩急を使い分けながら地域のプロセスを創っていくことが地域づくり支援の役割である。

　中間に位置する者は、他分野との連携も意識し、つなぎながら成果を引き出すように心がけることが必要である。なぜなら、中間に位置する者の導き方によって方向性が決まることもあるため、処方の仕方も気を付けなければならないからだ。事例紹介や助言をするのではなく、考える場を提供し、自分たちの結論を出すプロセスを支援する。時に、案件によっては、つなぐという手法も使う。地域内や市内を見渡せば専門的な団体や関係機

関があり、プロの手を借りることによって、より高い成果と地域の負担軽減を得ることができるからである。そのために中間支援は、地域内や市内の団体などとコミュニケーションを取り関係を構築しておく必要がある。

支援すべきはプロセス。向き合うべきは現場

　集落支援員や地域おこし協力隊などを配置し地域づくりの推進に取り組む自治体も多いが、人員配置をしたから上手くいくわけではない。業務を創り出し、機能させていかないと空回りするだけだ。では、コミュニティ支援に必要とされるスキルとはどのようなものなのか。

　地域づくり活動の支援は、表現しにくい難しさがある。コンサルティングのような導き方や良かれと思って支援することが仇になり、感情移入してしまうことで支援が支援でなくなることもある。そもそも、対象者が支援を求めていなければ成立しないのだが、支援者も何か事業をしなければいけないという観点から事業を仕掛けた結果、求められていない支援の繰り返しという負のスパイラルになってしまう。支援しているということが大事なのではなく、支援を求められた時にスムーズに対応できるように常に備えておくという心構えが重要である。

　また、委託費や補助金、交付金を出して何か事業をやってもらうという手法が定着しているが、事業を実施する前が地域づくりでは重要であり、手前のところをサポートするのだ。このことを私たちは、「話し合い支援」と表現している。表向きには見えにくい支援であるが、「そもそも事業をした方がいいのか」「住民はどう考えているのか」など、事業を進める前に立ち止まり、丁寧に進めていくことを大事にしている。住民の本音を引き出しながら合意形成を促していくことは、事業（成果）までのプロセスを支援することなのだ。

　次に、「アウトリーチ」である。当センターの拠点はオフィスであり、他の支援センターのような機能は持ち合わせていない。拠点整備をしたところで相談に来るという展開はなかなか見込めない状況だったことから、

自ら出て行き、地域の方とコミュニケーションを取り、課題やニーズを把握するようにしてきた。幸い職員数もそろっているので、旧町村単位をベースに地域担当制として、一人1〜2地域を支援するようにしている。ただし、地域担当制にしたところで、出ていく目的がないと意味がないため、取材をしながら毎月情報誌を発行し、情報（誌）を届けながら、情報（近況や困りごと含め）を伺うというスタイルを構築することができた。情報を届けながら情報を伺うことで相互関係の構築となり、また、最近では、「自由研究」という名の“このまちの記録を残していくための調査”で新しい出会いがあり、コミュニケーションの輪は広がっている。

　NPO支援では、組織の基盤強化や事業運営のスキルアップなどが中心となるのに対し、コミュニティ支援は、アウトリーチとプロセスを支援することが重要という違いがある。そして、NPOとコミュニティは両輪であるのだ。コミュニティ支援が注目される今だからこそ、NPO支援の視点を忘れてはならず、両者が協働することにより、支え支えられる地域（まち）になっていくことを信じて、今日も現場に出かけて行く。この現場に出て行く業務を「定期訪問」と言っている。定期訪問のタイミングは、情報誌の発行に併せ毎月20日以降にアプローチリストを参照しながら地域担当職員のペースで訪問することにしている。訪問を重視したいが、情報誌の原稿作成や支援に入ったワークショップのまとめなど他の業務もあるため、最近では隙間時間を見ての訪問になってしまっているのだが、私たちとしては、一番大切にしている業務である。訪問の仕方は、毎月必ず訪問する箇所以外は職員の判断に任せている。アポを取って訪問するような畏まったスタイルではなく、アポなしでふらっと入っていくものだ。アポを取って訪問すると相手を待たせることになるほか、何を聞かれるか構えてしまい本音を聴きだせなくなるため、何気なく訪問し、世間話をして何かあればつなぐようにする。必要があれば長居し、必要がなければ次に移動するという気軽なものだが、担当地域のアプローチリストの件数もそれなりに多く、テンポよく回らないとこなせなくなる。しかし、職員の経験

に基づいた地域によって行かなければいけないタイミングや訪問先のスケジュール感がしみついているようである。これは、職員の経験によって磨かれるスキルであり、すぐにできるものではない。支援業務は、マニュアルとして文章化するのが難しいため作成していない。その代わりに定期訪問に先輩職員との同行回数を多くする。誰でも最初は硬くなってしまうため、ラフな対応で良いという場面をできるだけ見せるのだ。また、その場で聞いたことに対して、何か言いたくなってしまうのが支援者だが、実際はコメントされることを求めていない地域や相手も多く、相当気になったことがない限りは言わないようにすることもスキルの一つである。

　毎月、月初めに一日業務を止めて月初会議を行っている。業務を止める勇気が必要だが、一ヵ月の業務の方向性や進捗の確認、地域状況の共有をすることで職員の足並みを揃える大事な時間である。特に地域状況の共有は、関わる地域によって対応する内容が異なるため、職員間で共有しながら、「○○のような場合、どう対応するのが望ましいか？」と投げかけ、全員で考えるようにすることで相互学習の場になるのだ。さらに担当する地域で今は起きていなくても、いつか同じような対応をしなければいけない時があることも考えられるため、職員の資質向上の一環としている。定期訪問はラフに行っているが、現場に出る前の段階は、綿密な下準備に時間をかけている。

2 地域コミュニティ支援の考え方

自治会支援とRMO支援の違いと重なり

　自治会とRMOは、住民自治組織という分野では同類ではあるものの、その性格や取り組み内容は、似て非なる物である。一関市においても合併後の新たなまちづくり施策として、地域協働体というRMOを設立し今に至っているが、自治会とRMOそれぞれの役割を理解することが大事である。

　自治会は、住み良い地域をつくることが目的であり、地域親睦活動や安

心安全の取り組みなど生活の場としての地域を維持していくために必要不可欠な組織である。RMOは、少子化、高齢化、人口減少対策として組織される。これまで生活の支え合いを担ってきた自治会の人口規模が縮小し、一つの自治会でできることに差が生じてきたため、一定量の人口が確保される公民館単位や小学校区で地域づくり活動をしていくためである。自治会とRMOでは、そもそも成り立ちの目的が異なるが、安心して暮らせる地域づくりをしていくことは、どちらも目指す姿は同じとなる。しかし、活動内容を同じ考えにしてしまうと二重組織になってしまうことになるため注意が必要だ。

　私たちは、自治会という住民自治活動のこれまでの頑張りを称え、応援し続けるのに対して、RMOは、誰も経験したことがないゆえに運営の仕組みの模索を続けている。自治会は、これまでの経験と運営のノウハウを身につけており、運営の支援より自治会長はじめ役を担っている人への寄り添いや時に第三者として風向きを変えることを意識するのに対して、RMOは住民の理解と合意、丁寧な仕組みづくりとその仕組みが機能するよう伴走することにしている。自治会もRMOも関わる住民との信頼関係なくして支援に入ることはできないため、支援のテクニックもさることながら人の把握、そして関係構築に時間をかけなければならない。

自治会機能を補完する新たな自治組織の確立

　RMOを進めるときに、定義づけすれば推進できるかと言ったらそうではない。RMOの設立は、これまであった自治会を廃止することではなく、自治会の機能を重視するために、補完の仕組みを構築するのである。慣習的行事が多い自治会に対して、RMOは地縁でつながる様々な人、団体が連携し、年齢性別に関わらず、自治会だけでは解決が困難なことを、地域の総合力で解決することが目的であり、自治会とは性格が異なる。そのため、地域や各種地域団体の課題、想いを持ち寄り議論する円卓会議という協議の場が重要である。

地域には様々な役割（役職）があり、それによって地域を支えているが、日頃のご近所付き合いのコミュニケーションはとっていながらも、役割（役職）や分野を超えた組織としてのコミュニケーションは少なく、情報の共有がされていない状況が見受けられる。それぞれの役割で抱えている課題や事業が、それぞれの世界で止まっていて、どこかで一緒に議論しない限り、永遠に交わることはないのだ。それぞれの役割の元を辿ると、行政や各種団体（上部組織）につながっていったりするが、このことにより縦割り社会の構図が地域コミュニティにも起きている。一緒に話し合い、課題の共有をすることによって共通課題や個別課題に気づき、連携や見直しに発展することもある。そのためには地域内に円卓会議のような話し合いの場が必要となる。しかし、RMOは、地域づくり計画を策定することで計画の実行が求められ、参加意識の醸成が低いまま事業を実行してしまうため一部の人の集まりのRMOになってしまう。計画の実行は、事業よりも住民の参加を促すことに注力することが重要である。

組織図を描くより機能を描く

　RMOを組織と捉えれば、組織図を描き、事業推進につなげていくイメージになるが、果たしてそれが正しいのか否か。中間支援として意識したいのは仕組みである。担い手不足による限界が出始めている自治会等の「困った」に対し、広域の視点（公民館単位や小学校区）で一定量の人口を確保すること、すなわち多様な住民参加を通じたコミュニティ機能の再生と創出を目的としているため、一部の人の集まりであってはならない。多様な住民参加を促すためには、人が関わる仕組みの構築が必要なのだ。新たな自治組織としての取り組みに視点が集中し、「RMOができてやることが増えた」という状況だけは避けたい。

　そもそもRMOは、円卓会議のような組織であり、実践機能も兼ね備えるが実行部隊としての組織が主ではないと考えている。地域内にある各種組織が縦割りで、課題や目標の共有がされず、やることだけが引き継がれ

ている状況の中、RMOが共有の場を作ることによって、共通課題や個別課題への気づきを得ることができる。そこから各種の見直しが図られ、課題解決につながる。充実した円卓会議でこそ住民自治意識が高まるのである。

役の見直し

当センターもRMOの設立時に、「少子化・高齢化・人口減少時代に備えて、各種の見直しを行い、近い将来に備えましょう」という説明をしてきたが、その理由は、今の地域運営スタイルは人が多かった時代に築き上げてきたものであり、担い手が少なくなる将来には、同様には成り立たないからだ。

RMOの運営を行う中で、地域にとっての負担や時代的に不要なところが見えてくる。しかし、いざ見直すとなると、必要か不要のジャッジになり、負担が大きいと感じることや自分たちには難しいと判断する仕分けが始まる。しかし、一度原点に帰るという一手間をかけてほしい。なぜなら、始まりのきっかけや目的が必ずあるからである。時間の経過とともに目的が薄れ、違う方向に進んでいたりするだけで、単純に不要としてしまうと誤った判断になってしまうリスクを考えなければならない。目的や事業化に至った背景を探ってみることも見直しの視点であり、見直した結果、現在のニーズに対応できるように再起動するのである。

3 地域コミュニティ支援の具体的な取り組み

一関市におけるRMO設立の手順と中間支援の関わり

一関市においてRMO設立にあたり、まちづくり推進課（支所は地域振興課）、公民館、当センターを構成員としたチーム会議という機能を創り出すことから始まった。公民館単位の34地域でRMOを設立していくための推進チームである。なお、公民館は2015年に市民センター化している。

推進チームは、毎月一回程度の会議を持ち、地域性などを考慮しながら、どのような手順で地域住民にアプローチしていくかなどの戦略を練り、キーパーソンとなる人とコミュニケーションを取り、住民説明会や勉強会を重ね、住民理解と合意形成を重ねてきた。それぞれの役割は、市の担当課と市民センターは市の施策を伝え、当センターは、市の施策を分かりやすくするための社会背景や必要性を伝えることとし、住民理解を促すことに重点を置いた布陣にした。

　当時は、毎回が手探りだったが、思い返せば段階的な支援をしてきたとふり返ることができる。また、地域の実情に合わせた段階的な支援が導入できたのは、同市の施策としてRMOの設立は「急がない」としたことが、功を奏したと考えている。行政的な進め方をすると全地域一斉スタートを切り、市民センターの指定管理の開始時期も全地域同時となってしまうが、それでは行政都合による進め方であり地域の合意は得られないことを予想した。よって合意が得られた地域から設立することとし、設立後は、指定管理受託の意志が固まった地域から順次移行すると施策で決めていたことが、地域の理解と納得につながり、自立に向けて背中を押すことができたのだ。行政の施策というお品書きを見ながら、理解と合意によりステップアップしていくプロセスを持っているので「お品書き型設立プロセス」と勝手に表現している。

一関型段階的支援と中間支援の関わり

　地域によって多少の違いはあるが、RMO設立においてフェーズごとの当センターの基本的な関わり方を以下にまとめる。

◀ フェーズ別支援① ▏意識醸成期 ▶

　地域住民・地域内組織（自治会・各種地域団体）がRMOの設立の意義と必要性の理解を促す段階である。

◀ フェーズ別支援② ▏想い醸成期 ▶

　RMO設立後、地域住民それぞれが地域の目指すべき将来像をイメージ

し、実現するために必要なことを考える段階である。

◆ フェーズ別支援③ 行動推進期 ▶

　地域づくり計画を策定後、目指すべき将来像に向けて具体的な活動を進めていく段階である。

◆ フェーズ別支援④ 基盤構築期 ▶

　RMOが持続可能な活動を行える体制を構築する段階である。

地域別の支援事例

　一関市では、上記した支援プロセスを持って全市的にRMOの設立から継続支援を行っている。特に当センターは、設立支援の段階では共通理解と合意形成に注力し、設立後は住民自治組織としてRMOの成長を期待し後方支援に回ることとしてきた。RMOと当センターの距離感が大事であり、いつまでも一緒にいることでRMOの自立を妨げることを避けることに配慮している。後方支援となると具体的な支援内容が見当たらないことも多く、中間支援組織という立場で事業を持ってしまうこともある。しか

図表14・1　段階的支援

	意識醸成期	想い醸成期	行動推進期	基盤構築期
	地域協働体設立 ▶	地域づくり計画策定 ▶	事業展開 ▶	市民センター指定管理組織の見直し ▶
支援内容	○設立のためのチーム会議 ○設立のための研修の企画運営 ○設立準備会の運営支援	○アンケートの設計支援 ○アンケート集計支援 ○ワークショップ支援 ○地域づくり計画策定支援	○事業展開企画支援 ○全体会等会議支援 ○運営力向上支援 ○新しい価値創出支援	○指定管理導入後の事務的支援 ○事務局等伴走支援 ○ファシリテーター派遣 ○組織の見直し支援
推進体制	【推進会議名】 チーム会議 【構成メンバー】 市まちづくり推進課 支所地域振興課 市民センター 市民活動センター	【推進会議名】 新チーム会議 【構成メンバー】 地域協働体三役 地域協働体事務局 市まちづくり推進課 支所地域振興課 市民センター 市民活動センター	【推進会議名】 アクションミーティング 【構成メンバー】 地域協働体 地域協働体事務局 市民活動センター 行政	

し、そこは我慢が必要な時間であり、当センターでは、「いるだけ支援」「見るだけ支援」といった支援を意識している。RMO設立以降の関わりについて、当センターの支援事例を二つほど紹介する。

事例① 住民の声を集める RMO「川崎まちづくり協議会」

　川崎まちづくり協議会（一関市川崎町）は、2011年2月に設立した一関市内初のRMOである。住民議会制を意識し、まちづくりビジョンの策定、課題発掘共有機能及び自治会や各種地域団体に対する支援機能に特化し、専門部会は持たないようにしている。話し合いのまちづくりをスローガンに掲げ、まちづくりポストを町内5ヵ所に設置し、住民からの課題や意見を収集し議論する。自治会、各種地域団体、行政が分野の垣根を超えて議論することで課題解決の糸口を探り、議論の結果は、関係する行政や各種地域団体に協議会から提言し、課題解決の実践につなげている。まちづくりポストの設置から8年程度経過し、これまでに寄せられた住民意見は80件を超える。話し合いだけの課題解決の実践事例である。

　まちづくりビジョンを策定するまでは、当センターがファシリテーターを担っていたが、まちづくりビジョン策定後は、会員が当センターのファシリテーション講座へ継続的に参加し、ファシリテーターを担うようになっている。現在は、議会や全体会に出席し、ファシリテート及び協議会活動そのものへのアドバイスを行っている。協議会の場にいるだけで、時に助言をしたり、時にファシリテートを頼まれたりするという「いるだけ支援」の実践事例である。

事例② 住民の声を聴きにいく RMO「老松みどりの郷協議会」

　老松みどりの郷協議会（一関市花泉町）は、2014年に協議会設立。五つの部会を通じて、それぞれの構成団体が事業を展開していた。事業が中心となり課題や住民ニーズとは距離があるのではないかというふり返りから、2018年に組織の見直し検討会議を立ち上げた。2年程度の検討期間を

写真14・1　集落課題懇談会

経て、課題検討委員会を設置し、地区内13集落を訪問する集落課題懇談会を開催している［写真14・1］。そこで出された課題は、課題検討委員会にかけられる。

　当センターとの関係は、協議会設立直後は、出前講座や日常業務の直接支援に入っていた。その後は、オブザーバーとして会議の流れを見ている。集落課題懇談会も様子を見学しに行く「見るだけ支援」の実践事例である。

4　地域自治支援に向けた行政の役割と連携のあり方

地域支援に向けた行政の役割

　ひと昔前の時代とは違い、地域振興補助金のようなお金を出せば地域で何とかしてくれるという状況ではない。課題を一つとったら芋づる式のように連鎖しているため地域だけでは担えないからだ。とくに難解化かつ複雑化した課題は、行政や専門家の支援を必要とし、それでも解決に時間がかかることもあれば、手がつけられないこともある。時代の変化もまた難

解化している要因でもある。これまでの人が多かった時代に比べ、民間領域に隙間ができるようになり行政がカバーする範囲が拡大している。しかし、行政が何でもできるかと言ったら限界もあり、連携や協働の視点が必要になってくる。

　連携・協働は、お互いができる領域とできない領域など、それぞれの絶対領域が存在していることを意識しなければならない。特に連携・協働できる領域は狭い。例えば、行政には、団体自治としてすべき絶対領域があり、そこには住民も中間支援も介入できない。同じように地域にも絶対領域があり、行政や中間支援が介入できない。しかし、現在、地域や行政の様子を見ると、地域団体の事務局を行政が担っているなど本来領域ではないことが混ざっていることもあり、人が多かった時代に作った仕組みが混乱を招いているように思える。人口減少が進むほど地域資源が限られ、有効活用していかないと負担の上に負担の上乗せをしてしまうので注意しなければいけない。

　連携・協働の名のもとにやってくれる相手探しが先になってしまうことがあるのだが、パートナーを探す前に、課題をどのように解決していくのか方向性や施策を明確にしておくことも重要である。地域支援に向けた行政の役割には、地域と向き合い、課題やニーズを把握するスキル、そして、どのような解決策が必要なのか地域住民と共に話し合うファシリテーションスキルが求められる。地域によって状況や課題は異なり、同じ施策や制度が当てはまらないケースが出始めているからだ。これまでとは違った地域支援策の代表例がRMOではないだろうか。RMOの現場と関われば関わるほど、私たちは縦割りの壁に悩まされる。RMOは、地域での暮らしという広範囲を対象にしているため、行政内部での連携・協働が必要不可欠である。

中間支援との連携
　地域支援を行う中間支援と行政の連携については、双方の役割の明確化

が必要である。連携・協働という手法の代表策として委託があげられるが、ここで生じてしまうのが任せるということである。委託したからやってもらうのではなく、発注者である行政と受託者である中間支援の間でも連携・協働という意識を失ってはいけないと考えている。なぜなら行政と中間支援が担う領域が違うからである。そもそもの領域が違うのに委託したからすべて任せるのは、中間支援が行政側の領域にも踏み込まなければいけなくなる。それは、あってはならないことだ。

一関市の場合、RMO設立段階から行政の役割は、市の施策を作ること、そして、施策を地域住民に伝えることを徹底してきた。たとえ人事異動により職員が入れ替わっても、施策の説明は担当職員が行ってきている。施策は行政職員の領域であり、受託者の領域ではないからである。そして、RMOの普段の活動や事務局の業務など日頃の細かいフォローは、当センターの定期訪問によるアウトリーチで行いながら、ヒアリングや状況判断の課題の種類の中で行政が介入しなければいけないことに関しては、担当課や関係課に当センターから連絡し、対策を講じる仕組みにしている。

実際、現場においては、間接的な方法は取らず直接やってしまった方がやりやすい部分はあるのだが、そのことにより地域を支える主体の存在意義を失ってしまい、中間支援ありきの状況を自らが創ってしまうことにもなる。中間支援という立場としてプレーヤーになることはバランスが崩れるためなるべく避けたい。一方、地域には専門性をもった各種地域団体が存在しており、これまで培ってきた経験や専門性を活かし活動を再起動させることも領域を意識した中間支援の行動だと考える。よって当センターの役割は、行政領域の周辺にあるRMOの支援や自治会や各種地域団体の支援としており、住民自治と団体自治の中間で「見るだけ支援」や「いるだけ支援」を繰り返しているのだ。また、担当課との定例ミーティングを行い双方の状況の共有や課題に関する議論も欠かしていない。業務の進捗だけではなく、仕様書の内容や職員の病休なども時々発生するため安定して業務が継続できることの確認もしながら、双方の支え合いをしているの

は珍しいのではないだろうか。とは言え、すべてが順調に運んでいるのではなく、一関市でもRMOの設立以降、行政が離れてしまい距離感ができてしまったため、かつてあったチーム会議の必要性を担当課に訴え、2022年から復活している。チーム会議が復活したことにより、RMOと行政の距離も近くなり、年度末にしか来ない行政ではなく、2ヵ月に1回程度、顔を合わせ、状況の共有、行政への質問、当センターへの要望などを三者で共有することができるようになっている。

　状況の変化が激しい現代の地域支援は、やってもらう、任せるという姿ではなく、地域を支える主体の役割を明確にし、伴走、寄り添いの連携・協働が必要である。今は既存のRMOの運営の基盤構築がメインであるが、もう少し時間が経過したら、RMOの再編について考える段階になる。その時には、RMOの設立時以上のエネルギーが必要になるかもしれないが、地域、行政、中間支援の連携・協働により乗り越えていかなければならない。

IV部

地域自治支援が拓く協働型社会

15章

中間支援機能のネットワーク化と展開可能性

櫻井 常矢

1 ナショナルセンターの役割

　各地の中間支援組織は、地域自治支援という新たな手法を取り入れつつも、それぞれの地域事情や支援組織の目的に基づき、多様な支援機能を展開させる創造的な実践を進めている。その際、支援組織間の連携もまた重要な意味を持ってくる。本書で紹介された中間支援組織においても、県域や広域での連携の枠組みをもち、定期的な情報交換や支援組織に関する研究、あるいは支援組織を担う人材の育成に取り組む事例もあった。

　中国地方では、NPO法人岡山NPOセンターを事務局とした中国5県中間支援組織連絡協議会がある。集落ファシリテーター養成講座や休眠預金による助成事業のあり方など様々なテーマでの合同研修、越境の仕組みづくりプロジェクトなどの県や市町村をまたがる社会課題を解決するための取り組みなどが行われている。合同研修はすでに10回を越え、中間支援組織や支援者、行政職員など毎年100名以上が参加している。岩手県では、県内14団体で構成する中間支援組織ネットワークが2007年から継続している。参加団体は、その規模や目的は多様であるものの、定期的な情報交換や中間支援に関する学習会などを重ねてきている。

神奈川県では、協議会等の定式化したネットワークではないものの、NPOの自己診断プログラムの普及を契機とした緩やかな支援組織のつながりがある。認定NPO法人藤沢市民活動推進機構では、NPOの基盤強化のための自己診断シート「組織を支える17の視点」を作成している。これは、組織内の関係者を巻き込んだ自己診断を通じて、組織課題の洗い出しから自浄作用による解決への道筋が整理される内容であり、2019年度以降、これまでに県内50の団体がこのプログラムを活用している。同法人ではさらに、県内各市町の中間支援施設等へのノウハウ移転を9ヵ所で実施し、それぞれが支援力の一つとして取り入れているという。組織基盤強化のための手法の共有を通じた支援組織間のつながりである。

　こうした中間支援組織の連携については、NPO法制定以前のかなり早い段階から議論があったことが確認できる。例えば、総合研究開発機構（NIRA）の研究報告書（1994年）では、「支援組織の要件と課題」として地域レベル、全国レベルで必要な支援組織のあり方が描かれている[註1]。地域レベルの組織については、それぞれの地域事情をふまえ、民間の発想で独自の支援事業を展開することがここでも想定されている。課題となるのは、これらの地域組織のつながりを促す全国組織の役割である。同報告書では「地域組織の統括組織とするのではなく、対等の独立した組織とし、その上で地域組織を支援しネットワーキングに協力する」と構想されている。第一総合研究所の中間支援組織に関する調査報告書（2002年）でもまた、「中間支援組織支援型」として各地の支援組織を支える仕組みの必要性が述べられている[註2]。各地の中間支援組織の動向を見渡しながら、全体のつながりの中でナショナルセンターの役割を位置づけることを求めている。

　これに関連して、日本NPOセンターでは「民間NPO支援センター・将来を展望する会（CEO会議）」として、全国各地の中間支援組織のリーダーたちのネットワークを運営している。本書の元となった「中間支援機能に関する研究会」でも、このCEO会議に関わる各地の中間支援組織から

の参画を得ているが、各回の研究会における各支援組織からの報告に参加者が聞き入る姿が強く印象的であった。お互いの顔や団体は周知のことのはずだが、それぞれの日々の取り組みの内容までをどの程度共有できているのか。CEO会議を含め日本NPOセンターが進めてきた地方組織の連携とはどのような内容であったのか疑問が残る。実は過去にも「中間支援組織の役割、お互いの戦略というものが共有されていない」との指摘がある[註3]。日本NPOセンターが2007年にまとめた『市民社会創造の10年』でもまた、支援活動を行う地域と全国のセンター、そしてその他の関連機関との関係をめぐって「自らは全体システムの一構成員としての機能を担いながら、他の機関との対等な立場でのコーディネーターとなる道、そして自らは主要な機能のコアとはならず、全体の条件を整備するコーディネーターとしてのみ活動するという道」が述べられている[註4]。その後、ナショナルセンターとしてどのような支援組織との連携戦略を追求しようとしていたのか。一方で、研究会では日本NPOセンターの役割、あるいは支援組織間の連携に「期待しない」という声が少なくなかったことも事実である。20年前に描かれた全国組織と地方組織の将来像は今、どこに向かおうとしているのか。そのヒントを得るために、中間支援組織間のネットワークについて、英国の動向に着目したい。そこには、地域課題の解決に向けた地域コミュニティの再構築とそれを支える中間支援組織の戦略的なネットワークが存在している。

2 英国の地域自治支援と中間支援組織ネットワーク

　英国の農村地域では、過疎と高齢化、商店や郵便局の閉鎖、バスサービスの撤退、都市住民による農村地域での住宅購入が招く住宅価格の高騰、職を求める若者の外部流出、移民労働者の社会参加、犯罪の増加など、格差・貧困に起因した諸課題がいくつも現れている。こうした課題の解決に向けて特にコミュニティのエンパワーメントに力点をおく英国では、その

手法の一つとしてコミュニティの基礎単位であるパリッシュの地域計画＝
パリッシュ・プラン（Parish Plan）（以下、PP）の策定を推進している。
PP策定の目的は、第一にPPを通じて州、地方政府、中央政府の上位計画
に影響を与え、地域づくりをより制度的な枠組みにおいて実現することで
ある。英国でも日本と同様に、自治体の合併・再編が進んでおり、地域社
会の声を制度的・政策的な領域にどのように反映させるかが課題となって
いる。第二は、PP策定プロセスにおいて住民参加を徹底していることで
ある。住民相互の議論によって地域課題・資源の発見と共有を促すと同時
に、地域民主主義を醸成することに狙いがある。

　地域が主体となるPPの策定に対して、州当局をはじめ地方行政がその
サポートにあたることとなっているが、特に農村地域の策定支援について
は、中間支援組織であるルーラル・コミュニティ・カウンシル：Rural

図表15・1　中間支援組織RCCとパリッシュとの関係構造
（註5を参考に著者が加筆修正）

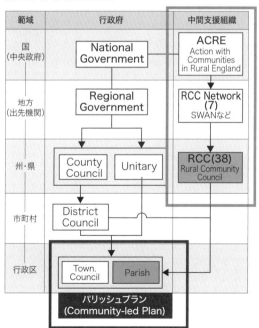

Community Council（以下、RCC）がその役割を担っている^{註5}。RCCは、英国の農村地域において総合的に地域の暮らしを支援する組織として、全38州に存在し、パリッシュによるPP策定を含む様々な地域課題解決に向けた取り組みを側面的に支援している。例えば、英国南西部ウィルトシャー州では、中心都市のソールズベリー以外の地域においてコミュニティ支援を担ってきたRCCとしてコミュニティ・ファースト（Community First）（以下、CF）がある。CFではPP策定をめぐって、①PPの効用を住民に説くための情報提供や啓発活動、②Steering Group（PP策定のための運営委員会）の設置支援と最良の策定方法の指導、③住民参加を促進するワークショップトレーニング、④関連する上位計画に関する情報提供並びにPPの実効性を担保するための上位計画当局との戦略的パートナーシップ形成など多様な支援プログラムを持っている。RCCはチャリティとして政府から独立した民間団体であるため、PP策定支援に取り組むディストリクト・カウンシルやカウンティ・カウンシルなどの地方行政機関よりも地域からの信頼を得やすいという。RCCは、パリッシュと政府・行政との間に立ち、民間としての独自性を発揮しながら、PP策定支援を含め地域の暮らしを総合的に支援しているのである。

　こうしたRCCによるPP策定支援の特性の一つは、住民参加（public involvement）である。従来、英国のコミュニティにおいては、パリッシュ・カウンシル（Parish Council）（以下、PC）がその代表となり、住民の合意形成や行政機関との交渉を行ってきている。他方で、近年はPCの行動力の低迷、そしてコミュニティに関する住民意識の希薄化、PCへの依存体質などが課題となっている。そのため、PP策定では徹底した住民参加による地域課題の発掘と合意形成を重視することで、地域民主主義の再構築を図ろうとしている。このことを実質化させるためPPには、その承認（validation）が確立されており、PPという結果（成果物）ではなく、どのようなプロセスで策定されたのかが何よりも問われることになる。そしてRCCによる策定支援のもう一つの特徴は、基礎自治体、州、地方政府、

中央政府それぞれに対して、RCCのネットワーク組織がロビー活動を展開していることである［図表15·1］。全英38州各々に存在するRCCには、その全国連合組織であるACRE（Action with Communities in Rural England）や地方組織（例えば英国南西部の支部組織であるSWAN［South West ACRE Network］など）が存在する。これらは、PPが地方政府や中央政府の上位計画、方針等に反映されるように働きかけ、パリッシュと政府・行政機関との橋渡しを担っている。RCCによる徹底した住民参加と地域民主主義を重視したPP策定支援のプロセス、そしてRCCのネットワーク組織による重層的なロビー活動がボトムアップ型の課題解決や政策形成を実質的なものとしている。

　Ⅱ部で解説した東日本大震災からの復興をめぐる浪江町復興支援員のサポート体制もまたこの枠組みとの重なりが見てとれる。地域、市町村、県域での拠点組織の展開、そしてより広域的な枠組みからこれらを支えるコーディネート組織という中間支援組織の重層的ネットワークが機能していた。それはまた単に範域をめぐる役割分担にとどまるものではない。復興の理念・考え方を貫徹しながら、被災者とその暮らし、そしてそこに寄り添う復興支援員一人ひとりの声に基づき、絆・つながりの再生を実現する手法として展開していた。サポート人材や拠点組織（中間支援組織）による手法は様々であっても、お互いの学び合いの関係を整えることによって、例えば「被災者が主体となる復興」など支援対象となる地域・市民の自立に向けた考え方が貫かれていたことをあらためて評価すべきである。

　例えば、支援者が当事者たちに大きく手を差し伸べ、いわば何でもやってあげる支援の場合と、できるだけ当事者が自分たちの力で考えたり、組み立てたりすることに寄り添う支援では、その意味はかなり異なってくる。前者であれば、当事者たちはその支援に感謝し喜ぶであろうが、その後も引き続き手を差し伸べなければならない上、当事者が自らの力で取り組むことはできずに終わるかもしれない。少なくとも「サービス」からは、ひとや地域は育たない。問題を抱えた（あるいは向き合う）当事者たちが、

ともに考え、話し合う環境を具体的な事業構築までのプロセスにどのように組み入れていくのかが重要となる。

　今後の日本の中間支援組織をめぐっては、ナショナルセンターと地方の支援組織、あるいは広域での支援組織間においてどのような関係を構築していくのかについての対話的かつ戦略的なグランドデザインが求められる。その議論の前提となるのは、地域社会の最前線と向き合う地方の支援組織の実情と支援手法の共有から出発することである。

註

1　総合研究開発機構NIRA研究報告書『市民公益活動基盤整備に関する調査研究』1994年参照。

2　株式会社第一総合研究所「中間支援組織の現状と課題に関する調査報告書（2001年度内閣府委託調査）」2002年、44頁。

3　同上書、56頁。

4　吉田忠彦「日本NPOセンターの誕生まで」日本NPOセンター編集『市民社会創造の10年』ぎょうせい、2007年、164頁。

5　RCCの詳細については、櫻井常矢・鈴木孝男・野呂拓生「『新たな公』形成に向けたコミュニティ・プラン策定と支援システムに関する研究」国土計画協会『人と国土21』第33巻第6号、2008年、26-33頁参照。

16章
地域自治支援が拓く協働のプロセス
― ともに学び合う社会へ ―

櫻井 常矢

　前章まで見てきたように、近年の特に地方都市の中間支援機能の拡大を
めぐって注目すべきは、その担い手のほとんどが日本のNPOや中間支援
組織の黎明期に誕生したいわば第一世代に該当する団体であったことであ
る。いずれも長い経験と蓄積がありつつも、（一部の団体は世代交代を進
めながら）その時々の社会状況に応じて新たな知見や支援手法を見出して
きていることになる。中間支援組織の目の前に現れた地域、個人等が抱え
る課題に真摯に向き合うからこその取り組みと捉えたい。

1　地域自治支援の広がり

　こうした取り組みに、ほぼ共通の動きとして見られるのが、RMOや自
治会、集落までをも支援範域とした地域自治支援とも言える動向である。
高齢化や人口減少による地域課題の深刻化、女性会（婦人会）、子ども会
等の基礎的な地域団体の低迷や解散、自治会加入率の低下、そして慢性的
な担い手不足などを背景に共助システムの再構築が避けられない状況とな
っている。中間支援組織の取り組みでは、地域自治の端緒となる地域課題
の発掘や共有、若者や女性など多様な主体による参加型の組織形成、そし

て地域内にある様々な団体、機関等のネットワークなど、面としての枠組みの形成支援が多く見られた。すなわち、従来までのNPO・市民活動団体に対する財源確保や会計処理等の経営支援から、より広い意味での組織運営支援（マネジメント・サポート）と言える支援内容の拡大である。NPO法人みんなの集落研究所（2013年〜）の取り組みでも、校区や自治会、集落まで入り込み、住民との膝詰めでの支援事業が展開されている。

　さらに、こうしたノウハウを有した中間支援組織が運営する公設の中間支援施設にも新たな展開が生まれていた。いちのせき市民活動センターでは、「地域担当制」を導入し（2011年〜）、スタッフがそれぞれ担当する地域に寄り添う伴走型支援を進めている。直接担当地域に出向き、地域リーダーや住民との何気ない普段の会話を通じて、地域課題の発掘と共有、そして解決に向けたプロセスに時間をかけて当該地域とともに歩む手法である。そのためのセンタースタッフによる地域への「定期訪問」は、広報誌『idea』の配布などをきっかけにしながら巧みに行われている。そこには、自然な会話の中から現れる言葉の中にこそ本当の課題が隠れているとの考えがある。こうしたアウトリーチ型の支援手法は、従来の中間支援施設が施設管理に加え、貸室や講座・セミナーなどのいわゆるサービス提供を主とした事業内容であったものを大幅に修正するものである。

　このことは各地の行政にとっても、（既述した）マニュアル化された中間支援施設のあり様を捉え直す意味で大きなインパクトを持っている。町田市にある一般財団法人町田市地域活動サポートオフィス（2019年4月設立）は、いちのせき市民活動センター等への視察を契機に町田市行政が設立した地域活動を支援する法人である[註1]。同団体も施設管理業務はなく、各種の民間団体での豊富な経験を有したスタッフたちが市内の自治会や地区協議会、NPO等の各種団体を訪問するなどして業務を行っている。

　中間支援組織や公設の中間支援施設のいずれの事例においても、地域課題に関する話し合いの場づくりを基盤に、既存の地域組織の見直しや再編、住民アンケートやまち歩き等の各種の地域調査、地域事業の立ち上げ支援

などが行われている。その他にも全国で設置が進む地域おこし協力隊（総務省）の導入支援やネットワーク化、地域包括ケアシステム（生活支援体制整備事業）やコミュニティ・スクール（学校運営協議会制度）の構築と地域運営組織（RMO）との連携、さらには買い物支援や空き家対策など、地域課題解決に向けた多種の支援事業が展開されていた。これらの新たな地域自治支援の手法について、さらにポイントを絞って詳しく見ていく。

2　地域自治支援機能のポイント

地域課題の顕在化・共有化

　Ⅰ部において課題として指摘した「協働のプロセス」とは、地域課題の発掘と共有に始まる点が重要である。そもそも誰にとっての（誰が決めた）課題なのか。あるいはそれは本当に地域の課題なのか。現在各地が進めている協働施策のもとでの地域課題とは、この点で極めて曖昧であることが指摘できる。これに関連して、いちのせき市民活動センターでは、地域担当制による定期訪問を通じた地域リーダーや住民との自然なコミュニケーションを通してこそ本当の課題が見えてくるとの考え方があった。一方からの押し付けではなく、いかにしてお互いがともに課題に気づき、共有できる対等な環境を創り出せるかを大切にしている。

　NPO法人まちなか研究所わくわくでは、2011年以降、地域円卓会議を沖縄県内で134回開催している［Ⅲ部11章］。地域の困りごとを行政を含む関係機関や団体、関心のある住民等の参加を得ながら円卓形式で議論を重ね、一つの課題を多様な角度から検証し、地域的・社会的課題へと結び付けていく手法（＝イシューレイジング）である。「中間支援組織の役割の一つは社会課題化すること」と同法人は強調する。たった一人の囁きをその周囲の人びとやコミュニティにつなげ、課題として認識・共有することで、それは地域の課題となっていく。いわばニーズをつくる手法とも言い換えることができる。認定NPO法人茨城NPOセンターコモンズからは、中間

支援組織等が関与しながら地域円卓会議を創り上げるプロセス＝プロデュース・プロセスを丁寧に辿ることが、その後のネットワーク型の課題解決等に有効であることなどが示されていた。地域課題の顕在化・共有化が、地域自治支援にとって重要であると同時に、協働型社会の構築に寄り添う中間支援組織としての役割を覚醒させる意味を持つものとして捉えたい。

当事者意識（主体）形成

　社会課題化よりもそれ以前の段階として、市民としての当事者意識を育むことに迫る取り組みもある。NPO法人岡山NPOセンターでは、「当事者が動ける、当事者意識を持つ」「消費者から当事者へ」をコンセプトに、子育て世代や高校生を対象に問題の当事者になることを意識した支援事業を展開している。例えば、子育てに関わる親御さんを対象に「親バカイベント（ぜんにっぽん親バカの会・岡山大会2022）」として、子育て現役のママパパが実行委員となり、親子で楽しめる様々な企画を進める中で2000人もの参加者を得ている。これまで、問題を抱えた当事者あるいは問題関心のある人びとを対象にした事業はあっても、いわば当事者になる環境を整えるこの手法は新しい視点であると言える。たとえ課題解決に直接関われない場合でも、寄附等を通じた関与もまた同様の意味があるとして、同団体はこれを促してもいる。遠回りで地道な歩みではあるが、草の根から課題解決に関わる人びとの広がりをつくるこの取り組みは、NPOやRMO等の基盤形成にも結び付く中間支援機能の一つと言える。

多様な人びとの参加と環境醸成

　地域自治支援という時、地域コミュニティの現実から課題となるのが、女性や若者等の新たな人材の参加である。高齢男性を中心とした担い手の固定化、事業活動のマンネリ化など硬直化する地域コミュニティの運営を、より柔軟な発想と行動力を伴った持続可能なものとするためには、何よりも新たな人材の発掘と登用が求められる。ただ、それは新たな人材だけを

前に出すのではなく、従来までの担い手たちとの価値観や考え方の違いの共有こそが足腰の強い地域基盤を形成する。そのためにも、地域の中に多様な人びとによる参加（＝意見表明）の機会を確保することが地域自治支援にとって重要な意味を持ってくる。事実、近年は都市部、農村部を問わず各地でワークショップが多用され、住民相互の話し合いの場づくりが行われている。

　このことに関連して、参加と協働の意味を概念的かつ実践的に整理しようとする中間支援組織の取り組みがある。協働とは行政とRMO、企業とNPOなど組織と組織、団体と機関などの関係を指している。他方、個人（市民、行政職員等）については、自らが関係する団体、組織への参加を通じて公共領域に関与することになる。つまり、組織・団体の民主的運営が実現されているのかがまずは問われるのであり、そのための話し合い、合意形成、ルール・制度などの実現が課題となる。NPO法人まちなか研究所わくわくでは、2021年から2ヵ年をかけて那覇市における参加と協働の整理を全市を巻き込んで行っている（那覇市委託事業）。那覇市の協働政策は1990年代後半に始まっており、比較的その蓄積が長いものの、その分だけマンネリや曖昧な協働への認識があることを同法人は課題視している。とりわけ同市のRMO政策（校区まちづくり協議会）を進める上でも、協働概念の再整理と同時に、参加の考え方についても議論を喚起しようとしている。特に校区まちづくり協議会をめぐっては、自治会等の地縁組織に限定されない、多様な人びとに開かれた組織運営の理解と普及を意図している。具体的には、新型コロナウイルス感染症に対応した課題解決型の取り組み事例をもとに、協働のプロセスを丁寧に検証し、『協働の手引き』の作成、事例検証の報告書『コラチャレ』の発行、そしてこれらを用いた校区まちづくり協議会の支援事業などを展開している。

　あらためて地域運営組織（RMO）とは、担い手不足等の課題を抱える自治会・町内会等の従来組織を補完する役割を持つ。担い手が不足しているのであれば、そのために様々な団体・機関等が横のつながりを形成する

など、多様な人びとを巻き込む環境づくりこそが求められるということになる。決して組織化が目的ではない。その意味でRMOとは、地域運営の「組織」というよりも、多様な人びとが参加できる「仕組み」と捉えるべきであろう。既存の団体間の横のつながり、そしてそれまで地域とは関わりの少なかった個人の参加などをいかに創り上げるかへのこだわりが、中間支援組織による地域自治支援の実践の中に見られたと言ってよい。

地域団体のエンパワーメント・再起動

　地域自治支援をめぐっては、中間支援組織自らが課題を抱える地域、団体、個人と直接向き合うことになるため、場合によっては直接的に手を差し伸べることも想定される。既述したNPO法人あきたパートナーシップの取り組みでは、むしろ中間支援組織による直接支援の意義が強調されてもいた［Ⅱ部7章］。それを認めつつも、中間支援組織には地域に直接関与する団体を間接的にサポートする視点は欠かせない。Ⅰ部でも述べたように、中間支援機能が団体支援ではなく活動支援であるとの視点を再度確認したい。エンドユーザーは、中間支援組織が支える団体等のその先にあることを見据え、（団体の）活動を支援するという捉え方である。いちのせき市

図表16・1　直接支援と仲介支援（著者作成）

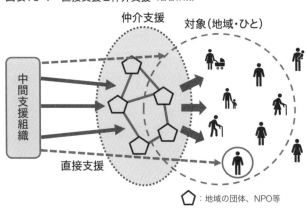

民活動センターでは、地域内にある各種団体等が主体となった取り組みを促すという意味で地域団体の再起動を強調する。地域自治支援に取り組む中間支援組織は、様々な課題や住民ニーズを把握できる環境にあるため、直接支援に陥りやすいわけだが、地域にはより専門性の高い、本来活躍すべき団体等が多くある。むしろ、支援組織が捉えた課題や取り組み手法を地域内の団体につなぎ、団体間のネットワーク化を促すなどして、当該団体が自らの存在意義を実感できる環境を整えることもまた役割であるとしている［図表16・1］。こうした仲介支援は、いわば中間支援の本来的機能とも言えるが、地域自治支援の歩みがそれを再確認する契機を与えていると言える。市民への当事者意識の醸成、話し合いの場を通じた組織・団体への参加の実現、そして地域団体等のエンパワーメントを促しながら、自治力の底上げに取り組む新たな中間支援機能が明らかとなってくる。

3 巧みな組織運営支援の展開

　これらの地域自治支援のポイントから、大きく二つの特徴が見えてくる。一つは、地域課題の発掘、共有を大切にした丁寧な支援事業を展開していることである。イベント等の事業活動を目的とするのではなく、解決すべき（守るべき）地域の課題や資源とは何かを明らかにすることからの出発である。地域リーダーたちとの普段の会話の中から課題を掘り起こしたり、気づきを促したりする定期訪問や、一人の課題意識や解決に向けた取り組みについて地域としての共有化を促す地域円卓会議などはそのための巧みな手法の一つであった。浪江町復興支援員事業においても、最初から支援員の取り組みをマニュアルとして決めるのではなく、被災者の声に基づいて支援員自らが支援方法を組み立てており、これに中間支援組織が徹底して寄り添う形を取っていた。いずれも時間と手間をかけながら、問題を抱えた当事者たちの視点や実践を大切にした実に丁寧な歩みと受け取れる。

　もう一つは、人びとの参加（意見表明）機会を作り上げていることであ

り、具体的には子どもや若者、女性、転居者なども交えた多様な人びとによる話し合いの場づくりであった。すでに多くの地域でワークショップ形式での話し合い支援は行われているが、ここでもまたワークショップ自体を目的化するのではなく、「何のために話し合いをするのか」「話し合いを通じて実現したいことは何か」など、その場を主催する自治会や各種団体の役員等から成る地域のコアメンバーこそが、まずはその企画段階で話し合いを重ねることが求められる。ここから生まれる話し合いの場づくりへの"こだわり"が、その後の展開の力強さに直結する。高齢化と人口減少による担い手不足が顕著な地域づくりの現場では、話し合いを手段としながら人材の発掘や担い手の育成などを進めることが求められる。

　地域運営組織（RMO）の形成をめぐっては、自治会等の従来型の地域コミュニティの代替ではなく、それらを補完する機能を持ち合わせる必要がある。補完的関係とはまた、誰かが主導してそれぞれの役割を決めるものではなく、ここでも話し合いを介在させる点が重要であるとされる。補完性の原理と人材育成に関連して松田は、「持続的討議」への志向という視点からコミュニティ・ガバナンスを構想することを唱えている[註2]。補完的関係の構築に向けては、お互いがどこまで介入するのかという具体的な問題や混乱が生じるが、松田はこの点について「どのような分担が適切であるのかの討議を促すものが補完性の原理である」としている。すなわち、それぞれが担う範域や役割は所与のものでも、固定的なものでもなく、あくまでも話し合い（討議）を通じて役割を分担し、自らの存在事由を全うすることになる。その意味でそれぞれの関係は個別的かつ可変的なものである。それは、行政が地域コミュニティを支援する上でも同様であり、お互いの役割や責務の配分が常に話し合いを通じて再考（変更）可能であることを意味している。中間支援組織がRMO支援を含む地域自治支援機能を発揮する時、地域の諸団体と連携しつつ話し合いの機会をどのように支援プログラムに組み入れていくのかは重要な視点であると言える。

4 地域自治支援が拓く協働のプロセス

　図表16・2は、「氷山の一角」論（故・加藤哲夫）を参考に従来の中間支援機能を整理したものである。「氷山の一角」とは、一般には見えていない、地域社会に潜在化した課題が多くあり、NPOはその中のひと握りの課題を顕在化させながら、特定の課題解決に取り組んでいることを表現している。中間支援組織は、その解決に向けたNPO活動のお手伝いをしているわけだが、従来は個人や団体の求めに応じた会計・財務等の講座などのマネジメント・サポート、そして寄附仲介（インターミディアリー）などが中心であった。しかし、そこで見逃せないことは、地域社会に潜在化する課題の発掘から共有に至るまでのプロセスが抜け落ちていることである。NPO自らが課題としたこと、行政が課題と捉えたことがそのまま事業活動の目的となってしまうことを意味するからである。このことは、既述したNPOの取り組みと地域のニーズとの違い（ギャップ）の理由にも重なっていると言える。特に潜在化する地域課題をめぐっては、講座・シンポジウム等での啓発事業に止まるなど、中間支援機能の関与する範囲が極めて限定的であったことが指摘できる。そして、従来型の個別の団体支援で

図表16・2　個別団体支援の機能と構造（著者作成）

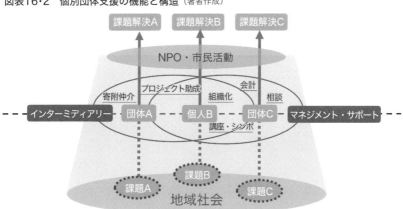

は、取り組むべき課題がすでにあることを前提とした支援プログラムとなっていたことに目を向けるべきである。水面に現れる「氷山の一角」は結果であり、むしろ水面までのプロセスの深さや広がりこそが支援機能にとって重要な意味を持っている。NPOや行政が課題と認識しつつも、それをいかに周囲と確かめ、共有し、ともに向き合うべき共通の課題としていくのか。そして、このプロセスに中間支援組織がどのように関わっていくのかである。

　これに対して、地域自治支援という中間支援機能の新たな展開では、潜在化する地域の課題の発掘や共有のための「定期訪問」や「地域円卓会議」、あるいはそうした場面への一人ひとりの参加を促す「話し合い支援」など、実践のスタート段階（あるいはそれ以前）からボトムアップ型の支援を組み入れていることが注目できる。実際の話し合いの場には、支援組織の巻き込み方によっては、地域の各種団体や事業者、行政など、多様な主体がともに対等な立場で関与できる場が豊富にあった。何が課題なのかをともに気づき、考え、話し合う中で辿り着くプロセスにじっくりと時間をかけ

図表16・3　地域自治支援の機能と構造（著者作成）

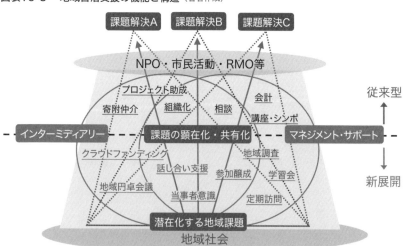

て取り組む姿には地域のエンパワーメントこそを目的とする支援組織のこだわりが見て取れる。こうした中間支援機能の新展開と言える領域での地域自治支援の積み上げの先で、地域・市民の自立した実践が現れ、従来型の支援プログラムが効果を発揮することになる［図表16・3］。

　また、インターミディアリー（資源仲介機能）とマネジメント・サポート（組織運営支援）の重なりにも配慮が必要である。例えば、寄附仲介としての助成事業は一見するとインターミディアリーと捉えられる。確かに寄附者がファンドを運用する中間支援組織（公益財団等）を通じてNPOに寄附をする場合には資源仲介と言えるが、寄附者からの資源を預かり、支援組織側で助成プログラムを運用している場合にはマネジメント・サポートにもなり得る。すなわち、中間支援組織が実施する事業の目的によって支援機能の意味もまた変化するということである[注3]。

　重要なことは、地域社会に潜在化する地域課題を発掘し、顕在化させ、共有しながら、NPOやRMO等の設立や課題解決を促す一連の協働のプロセスに中間支援組織が関与し続けているということである。さらにこのプロセスでは、行政、企業、大学等の多様な関係主体もその場をともにし、問題意識を共有する中でマルチステークホルダーによる面としての地域社会形成にも結びついていく。このように地域自治支援とは、人びとの参加と多様な主体との協働を内在させながら、ともに学び合う関係を基盤に相互変容を促し、自立した市民活動や地域づくりを丁寧に育む。地域自治支援という中間支援機能の新たな展開が、協働型社会の形成を再構築できる可能性を持つのはこうした意味においてである。

5　残された課題と今後への展望

　最後に中間支援機能に関する今後の課題として自治体行政との関係を中心に述べておきたい。第一は、公設の中間支援施設のあり方についてである。既述のように、公設の中間支援施設についてみれば、マニュアル化さ

れたような住所不定の施設運営（事業）が各地に広がっている実情がある。他の公共施設と変わらない貸室や講座等を中心とした運営に対して、自治体の財政当局からは施設再編の声さえ聞こえてくる厳しい状況もある。一方で、自治体の地域コミュニティ政策等の高まりから地域自治支援の強化へと中間支援施設の機能の見直しを模索する動きもある。ただ、それには従来までの運営主体（民間団体）のノウハウの転換が求められるため、見直しが円滑には進まない実情もある。高齢化・人口減少社会に向かう中で、地域社会に寄り添う機能は一層重要性を増している。Ⅲ部でも既述のように、地方の中間支援組織では多様な課題を抱える地域社会を前に、自治体行政との関係（距離感）を含め巧みな支援組織としての立ち位置や事業展開を進める姿も見られた。これからの中間支援機能にとって必要なことは、誰かが大上段からあるべき姿を提示するのではなく、地域の最前線で積み重ねられている生々しい実践をもとに、それぞれ地域戦略と支援手法のノウハウをひたすら共有し、その厚みをもって中間支援機能の存在意義をともに確かめながら各地での展開戦略を描くことであろう。

　第二は、自治体の地域コミュニティ政策との関連である。地域自治支援が対象とする地域コミュニティとは、自治体政策の主要な対象でもある。近年のRMO政策の推進も地域コミュニティの再生も、いずれも自治体の政策課題として展開しているということである。その際、民間の中間支援組織は当該事業の委託先でもあり、政策の推進状況によっては民間が下請け化したり、あるいは単なる事業体としての性格に傾斜することが懸念される。事業性と運動性のバランスが崩れることによって、再び協働のプロセスは空洞化してしまう可能性がある。中間支援組織には、組織としての理念や方向性を更新することを惜しまず、その実現に向けて自主事業等により現状を常に相対化する実践の積み重ねが求められる。

　第三は、自治体職員の学びの必要性である。すでに指摘している協働型社会の空洞化は、中間支援組織にとっての課題であると同時に、自治体（職員）の課題でもあることは言うまでもない。地域自治支援のノウハウにつ

いて言えば、地域との協働を推進する自治体（職員）にもその意義を理解することが求められる。Ⅰ部でも概観したように、先駆的に公設の中間支援施設を導入した神奈川県や仙台市のいずれにおいても、自治体職員の存在が大きかったことが指摘できる。当時の神奈川県岡崎県政、仙台市藤井市政のいずれにおいても、自治体内に政策研究会が誕生し、職員有志による主体的な学習の場を通じて協働政策が強力に推進された過去がある。多くの自治体に定着した協働担当課の任務はまた、職員や市民に協働の実践を促すことではなく、その時々の当事者たちが自らの言葉で「協働とは何か」を問い続けることであると筆者は考えている。その目的、プロセスの意味、推進上の課題等を明確化させる不断の努力によって、自治体の協働は確固たるものであり続ける。中間支援組織の役割もまた、そうした問いの中に位置づけることでその固有の役割が発揮されるものと考える。

　中間支援組織の創始者たちが描いた日本の非営利組織の現実が、協働型社会の名のもとで互いの競争と分断が浸透する状況に私たちは率直に向き合う必要がある。加えて、本格的な人口減少社会における新たな役割と機能の未来像を描き、共有し、ともに向かうことが求められている。必要なことは、そうしたビジョンをともに分かち合いながら、中間支援組織のこれまでの蓄積を率直にふり返り、外部からの評価を大いに取り入れ、風通しの良い学びの文化を多彩な形で醸成していくことではないだろうか。

註
1　同法人はその目的として「町田市を拠点にまちの困りごとに取り組む組織や人のサポートや多様な主体の協働のコーディネートを通じ、地域における課題解決の取り組みの充実、拡大」を掲げている。代表理事（町田市副市長）をはじめとする理事役員は、同市市民協働推進担当部長、社会福祉協議会常務理事、文化・国際交流財団専務理事が務めている。
2　松田武雄『コミュニティ・ガバナンスと社会教育の再定義』福村出版、2014年、134頁。
3　実吉威氏（公益財団法人ひょうごコミュニティ財団代表理事）へのインタビュー（2023年9月21日）をもとにしている。

日本の中間支援機能・これまでとこれから

―中間支援機能に関する研究会（第5回）より―

日時：
2023年10月24日（火）16：00 ～ 18：30

場所：
TKP東京駅カンファレンスセンター
カンファレンスルーム2B
（東京都中央区八重洲1-8-16新槇町ビル）
※Zoomミーティング併用

パネリスト：
小野寺浩樹
（いちのせき市民活動センター）

喜田　亮子
（一般財団法人町田市地域活動サポートオフィス）

椎野　修平
（認定NPO法人日本NPOセンター／元・神奈川県庁）

田尻　佳史
（認定NPO法人日本NPOセンター）

横田　能洋
（認定NPO法人茨城NPOセンター・コモンズ）

フロア討論者：
宮道　喜一
（NPO法人まちなか研究所わくわく）

コーディネーター：
櫻井　常矢
（高崎経済大学地域政策学部）

本書の編集にあたり開催された「中間支援機能に関する研究会」では、中間支援に携わる全国各地の関係者が参集し、高齢化や人口減少に直面する地域社会に展開している新しい中間支援機能について活発な議論が行われた［研究会経緯はp.195参照］。

最終回となる第5回研究会では、過去4回の研究会の検討をふまえ、従来、日本社会の中で中間支援組織が果たしてきた役割や課題、そして各地で実践が始まっている新たな中間支援機能の可能性についての総括討議として座談会を開催した。

ここでは本書の核心となる議論を収録して締めくくりたい。

 地域支援の方法とその意味

研究会の議論から見えてきた論点

櫻井　本研究会の目的は、高齢化と人口減少を見据えた持続可能な地域社会づくりに向けて、各地の中間支援組織がより多様な形で展開している支援の動向と、東日本大震災からの復興支援事業を契機とした中間支援組織ネットワークの動き、特に人材育成の手法について検証することであった。これらの検証を通じて今後必要とされる、ひと・地域に寄り添う社会的な仕組みとしての中間支援・仲介機能を見出すことを目指した。

具体的な検討課題は二点あった。一点目は、地域の実情に応じた「仲介・つなぎ」機能が変化してきていること、すなわち地域の課題や資源、住民の意識や実践力といったものを発掘し引き出していく機能が生まれてきていることである。二点目は中間支援組織のネットワーク化の意義と展開可能性である。

第1回研究会では、NPO等への団体支援を展開してきた中間支援組織が、特に2010年代に入ると自治会や集落などを支援対象とし、多様な地域主体の連携を促しながら地域支援を行うようになり、支援の対象や範囲が広がってきていることが明らかになった。

この点をふまえて第2回・第3回研究会では、中間支援組織による地域支援の展開例として岡山と一関の事例を検証した。これらの事例から、地域課題の発掘と共有、参加型の組織づくり、地域

団体のネットワークや横のつながりの支援、面としての地域形成支援といった新しい形の組織運営支援の取り組みが見えてきた。さらに、こうした機能を持った中間支援施設の新しい形を見出すこともできた。貸室や講座・セミナーを提供したりする支援機能から、地域に直接出向いて潜在化する地域課題の発掘と共有を促し、解決に向けたプロセスを地域とともに進めていくアウトリーチ型支援への転換である。

第4回研究会ではこれらの事例をふまえて総括的な議論を行った。主な論点として三つ挙げられる。一つは、地域支援という中間支援組織の新しい動きの中で、地域課題の顕在化・共有化ということが支援の手法として重点化されていることである。地域への定期訪問、地域担当制、課題への気づきと共有、地域円卓会議、社会問題化、ニーズをつくる・課題をつくる、消費者から当事者へ、といったキーワードで表されるような支援がこれに関連する。

次に大事な論点は「参加」である。これはNPOでもRMOでも自組織の中で多様な人びとが意見を表明することができるという意味で「参加」の機会を作っていくということである。一部の役員だけで地域づくりを進めてきた今までのコミュニティから、多様な人びとが参加した地域運営に変わっていかなければならないし、そうした組織運営支援の動きが広がっていることである。

最後三つ目の論点として、地域団体のエンパワメント・再起動という視点があった。すでに地域にある様々な団体を力づけし活かしていくことである。団体の支援が目的なのではなくて、団体の先にいる住民、すなわちエンドユーザーのために団体の活動を支援していくのが中間支援であるということである。この点は中間支援を考えるときに基本的な事柄なのかもしれないが、地域コミュニティへの支援を考える際、こうした視点が改めて重要な意味をもって浮かび上がってきた。

▌アウトリーチ型の中間支援機能

喜田　人口43万人と都内でも比較的規模の大きい町田市には永らく中間支援組織がなかった。2019年4月にオープンした町田市地域活動サポートオフィスは、後発組と言える。施設提供の支援機能

座談会の様子（左から、櫻井、喜田、小野寺）

はなく事務所と6名定員の小さな会議室「市民協働おうえんスペース」という構成である。

成り立ちや組織に特徴的な点がある。町田市では、市域を10に分けてネットワーク組織「地区協議会」を作っていた。そこにテーマ型の活動、地域を超えた活動をつなげていく中間支援組織を作った方がよいのではないかという議論が出、地区協議会設立と中間支援組織設立が同時並行で進められた。その結果として市の外郭団体で副市長が代表となる一般財団法人という形態で中間支援組織が設立された。

支援活動は「つくる＝立ち上げ支援」「ささえる＝経営支援」「つなげる＝協働支援」「かえる＝変革支援」の四つのキーワードの下で行っている。具体的には、事業計画を作る伴走講座や市役所2階の市民協働おうえんルームを活用した協働相談会「まちカフェ！オープンデー」の開催、職員が地域に出て見つけた課題を解決する協働プロジェクトのコーディネート、協働プロジェクトの事務局機能といったことをやってきた。まずは地域から信頼されるオフィスに、ということでどんどん地域に出ていくようにしている。

▌地域団体のエンパワメント・再起動という視点

小野寺　いちのせき市民活動センターは、市民活動センターという名称ではあるが、市内のNPOは数が少ないこともあり、地域の活動の多くを担っているコミュニティ＝自治会、町内会、集落といった地域単位の活動も支えていくべきというところからスタートした。職員を地域担当制にしており、合併前の旧町村単位で1〜2地域をサポート

するようにしている。

　センターから外に出ると言っても、ただ何もなく訪問したのでは怪しまれてしまう。そのために情報紙『idea』を毎月発行している。外に出て集めてきた情報を自分たちだけでとどめるのではなく発信していく、またこの情報誌を持っていきながら、団体の状況を聞き取ったりして次の情報を集めていく、というツールとしている。

　地域の団体の状況を見ると、活動がマンネリ化したり、これまでの経緯が大切になりすぎてうまくかじ取り・方向転換ができていなかったりするところがある。そこを客観的に見ると、その地域内で本来その団体が果たす役割はこれでしょ、ということが見えてくる。それをふまえて工夫しながら団体の「再起動」の支援をしている。

　最近の事例をあげると、フードバンクの活動がある。一関にはフードバンクがなかった。当方のスタッフが月1回は各地の公民館を巡回訪問するので、最初は公民館にフードボックスを置いて私たちが回収してくるという仕組みを考えたこともあった。やってやれないことはないのだが、よく考えるとこれは本来、社会福祉協議会の役割ではと思い、社協に話をしに行った。最初は、社協に困窮者に配る部分をお願いしたい、食糧集めはセンター側でできるという風に持って行ったのだが、社協側からは、全体を自分たちでやります、という回答があった。ある意味、社協の意地を再起動させた場面であった。最近では月に1回は食糧提供の記事が新聞に載るようになり、社協にとっても良い事業になっている。

　この研究会の2回目に、岡山で始まった新しい食糧支援の仕組みについて話を聞いた。そういうものを見てしまうと、やっぱりNPOでもやらなきゃいけないかなとも思うが、それをやってしまうと、支援者ではなくプレーヤーになってしまうので、ぐっとこらえた。良いノウハウを伝えながら担い手の背中を押してあげる役割をする人が必要なのだと思う。団体も背中を押してもらうことで気づきやヒントを得て殻をやぶり本来の役割に戻っていくことができる。そうした機能を私たち中間支援は持っているのではないかと思う。

円卓会議の意義、従来のNPO支援の手法との違い

横田　円卓会議という仕組みを最初に日本に入れようとしたのは2008年～2009年頃。内閣府に置かれていた国民生活審議会がなくなり、その代わりに多様なステークホルダーが参画して対等な立場で社会課題を討議するマルチステークホルダープロセスの枠組みが必要になるのではないかという議論になった。そこで、政府や経済界、労働組合、生協、NPOセクターといった主体が参画する円卓会議（安全・安心で持続可能な未来に向けた社会的責任に関する円卓会議）が生まれた。NPOセクターでは、NNネットというネットワークを作り円卓会議の場に参加する代表者の選出や、テーマの検討、結果の共有といったことを行っていた。

　大きな仕組みとしての円卓会議はできたのだが、スケールが大きすぎてなかなか実践につながらない問題点も出てきた。課題を具体化するのは地域の方がいいだろうという話になり、2010年に茨城で実践することになった。元々私が経営者協会という経済団体にいて企業セクターとのつながりがあったり、企業・生協・労働組合が入ったSRネット茨城という場を作っていたりといったことが背景にあった。この場が母体になり円卓会議（地域円卓会議）を組み立てていった。

　地域円卓会議の位置づけとして、発言しっぱなしの場ではなく、我がセクターはこの社会問題に対してこうしたことをやっていく、といったことを言える場にしたいと思っていたが、そうした場だと行政側がしり込みしてしまう問題が出た。担当課ではそんな発言はできない、それを言えるのは首長だけ、といった反応である。そこで、担当者が何等かの発言をしたとしても、必ずしも行政の見解ではない、個人的見解でもよいということにした。後からああ言ったじゃないかと責めないでください、ということを会場で周知することで、発言の自由度を担保するルールを作っていった。

　行政の審議会のように、テーマがあらかじめ決まっていて事務局がおぜん立てをし、多くの人が参加しているが自分の思っていることを少し発言して終わりという場では、自分たちで決めたということにはならないと思っていた。テーマを決めるところから検討し、このテーマなら乗れるとい

う合意点からスタートし、何かのアウトプットを出す会議にしようという目標を持って運営したことは、従来の会議・協働のスタイルとは違うことができるという実感につながっていった。

　地域円卓会議はマルチステークホルダープロセスが背景になっていたので、NPOと行政だけでなく、企業や生協といったメンバーに会議の場に来てもらう仕掛けが大事だった。その交渉にあたっては、この人に話をすれば通じる、という各セクターのキーパーソンを把握している中間支援組織が核になることが効果的だった。県域であればそうした横のつながりを作ろうとすれば作れるということも分かった。

　その上で、難しかったのは、何に取り組むかというテーマ設定の部分であった。毎年実行委員会を０からスタートして、今年の円卓会議は何をテーマにするかから話し合う。関心のあることを出し合って始まるが、実際にはなかなか決まらない。協議を重ねることで、例えば、空き家や移動といったコミュニティの問題で自治会だけでは解決できないことを、地域に協議会を作ってそこに参加して考えていこうといった案が出てくると、生協ならこれができる、あるいは企業にとって参加するメリットはこれ、行政としても放っておけない課題であるといった関わるポイントが見えてくる。このようにそれぞれが関わる意味・当事者にならざるを得ないストーリーを作るプロセスが重要。

　こうして決まった課題について地域内外で取り組んでいるゲストに話をしていただいたりしながら、地域内の活動に火をつけていくことが円卓会議の目的。円卓会議が終わったあとが本番とも言える。フードバンクづくりをテーマにした時は、誰がどう関わるのかという議論から始まり、農家を支援する意味から生協、食品工場は経営者協会、提供先は福祉系のネットワークといったように関係者が増えていく中で準備会を組織してフードバンクができていった。

　ちょうどそのタイミングで震災が起きたので、発災後の食糧支援にすぐにその枠組みが動いたし、何よりもその会議を成功させた実行委員会のメンバーが電話だけで合意を取っていわき市の支援に入るといったことができた。行動できるネットワークを作る、ネットワーキングの本質的なところをやれたと思っている。課題がはっきりしていて、

お互いに何ができて何ができないかが分かっている関係性ができていることが基盤にあった。

　大切だったのは、中間支援組織が事務局をやりすぎないこと。事務局をやってしまうとみんなそこに依存してしまうので、５万円ずつでもいいから各団体から資金を出してもらって、対等性を維持していくことを工夫した。中間支援組織の会議に付き合っているということになってしまうと、動きが出てこない。

　日常的なコミュニケーションの中で参加団体が困っていることを丁寧に把握しておくことも大切である。例えば、福祉と住宅といったように分野をまたぐ問題は、行政だけでは動きにくい苦手分野である。福祉部署が会議を主導してしまうと、住宅の部署は参加はするが発言しなくなってしまう。こうしたテーマを円卓会議で取り上げ、それを中間支援組織がコーディネートしていくことで、複数の部署が参加していてもそれぞれの立場からの発言が出てくる。こうして縦割りを解決していく工夫がないと、地域課題は解決していかないと思う。

宮道　沖縄でも地域の課題を共有していく一つの手法として2011年２月から地域円卓会議を実施してきた。12年経って、今では年に15回ほど開催している。先日通算133回目の円卓会議が終了したところ。

　まちづくり支援からはじまった中間支援組織であるまちなか研究所わくわくと、市民コミュニティ財団であるみらいファンド沖縄とが共同で円卓会議の手法を開発してきた。NPOが本当に地域の課題を捉えきれているのか、そのサポートも必要ではないか、ということから、地域の困りごと、一人の困りごとを社会課題として共有していく手法として円卓会議を導入した。

　最初に論点提供者が「私たちはこういうテーマで、こんなことに取り組んでいるのだけど、こういうことに困っている」という話をして困りごとを場に投げかける。それに対して様々な立場の方から、そのテーマについての事実情報を共有していく。何かを決める場ではなく、課題を共有し共感する場であることを徹底し、次のステップにつながる場をつくっている。

櫻井　国レベルの円卓会議から課題をより具体化するための地域円卓会議への流れ、地域円卓会議

を企画して運営していくプロセス自体が人びとの
つながりやネットワークを生んでいくといった大
切なポイントを指摘いただいた。私も沖縄の円卓
会議に参加しているが、多様な分野の方がたくさ
ん参加されている。何かを決めるわけではないの
で、人によってはフラストレーションを感じると
思うが、とにかくかなりの時間をかけて情報の共
有をしている。コミュニティに関わっていくと一
人の困りごとを地域としての課題にしていくこと
が大切になるが、そうしたことが円卓会議を通じ
て実現できていると実感できる。

 協働型社会をふり返る

櫻井　マクロな視点から中間支援組織の果たして
きた役割をふり返る意味では、協働というキーワ
ードが核になる。NPO法施行から25年、日本には
協働型社会が形成されたのか。もしできていない
とすれば何が足りなかったのか。

椎野　協働について全国の自治体で最初に本格的
に検討したのは横浜市である。1999年に協働の原
則や方法といったことを規定したいわゆる横浜コ
ード（横浜市における市民活動との協働に関する
基本方針）が発表された。これが全国に波及し、
協働条例、協働指針、協働マニュアルといったも
のが整備されていった。

　もう一つは施設面の展開で、私も関わったかな
がわ県民活動サポートセンターが先進事例となっ
た。多くの自治体や議会の方が視察に来て、施設
の形を持って帰ったことで、各地に市民活動支援
施設がある意味金太郎飴的に作られていった流れ
があった。

　こうした流れの中、最初の10年くらいは協働に
ついてよくも悪くも活発な議論が重ねられていた。
が、その後になると、NPO側は制度や支援施設が
あることを前提にして活動するし、行政も異動の
着任時には条例もあり施設もあるので特に新しい
ことを考えないということで、共にルーチンワー
ク化していってしまった。

　そんな中でも、横浜市が市民活動推進条例を議
員提案で協働条例に衣替えするといった模索はあ
った。その中で導入されたのが協働契約という考
え方である。もともと行政から民間に流れるお金
は、委託費か補助金しかない。委託は委託契約と

いうことで行政が圧倒的有利になってしまう。補
助金も交付決定通知書ということで具体性がない。
横浜市の協働契約書はNPOと行政両者の対等性を
担保する規定や成果の帰属といったことを定める
ことになっている。ただ、横浜コードとは異なり、
この協働契約の考え方は残念ながら他には展開し
ていかなかった。行政の契約は財政当局がひな形
を作っているので、難しいのかもしれない。

　もう一つの流れとして、協働をコーディネート
する人という機能が、京都府、藤沢市、横浜市と
いったいくつかの自治体で出てきている。行政と
NPOのつなぎ役や協働が進むような働きかけ、ト
ラブルがあった際の仲裁といった機能が想定され
ている。協働の触媒としての役割と言ってもいい
だろう。

　町田や一関の話を聞いて良かったと思ったのは、
施設ありきではない施策が出てきていること。今
は施設は大概、指定管理になっているが、指定管
理者制度はその団体を指定して、施設を管理させ
るという行政処分。施設の外にアウトリーチする
ことは想定されていない。こうした限界を超えて
いく動きが出てきていることはうれしかった。

田尻　協働型社会は一定程度形成されてきている
部分はある。行政や市民団体が、それぞれ個別に
課題解決に取り組んできてうまくいかなかったた
め、こわごわ一緒にやってみたら成果が出た、と
いった成功体験をする地域は多くあったのだと思
う。特に災害時の活動のように、目の前に困って
いる人がたくさんいて、時間をかけられない、ス
ピードが求められる環境の中で協働が進むといっ
たことは多数あった。

　ただ、災害復旧や復興支援のようにみんなが同
じ方向を向いている時には協働がうまくいくが、
徐々に平時に戻り、予算も通常に戻っていくと、
元々のシステムや仕組みに戻っていってしまう。

　協働は聞こえのいい言葉、耳ざわりの良い言葉
なので、言葉だけが先行してしまい、その後正式
に条例化したり、仕組みができると、協働が目的
化してしまった。本来は問題解決するための協働
が、協働のシステムがあれば問題解決すると勘違
いするといった逆転現象が起こってしまったとこ
ろも多い。その流れに反省がないところが行政・
NPO双方の問題点だと思った。

櫻井　協働の目的化については、うなずける部分

が多い。自治体の協働施策自体が縮小していく中で、例えば協働提案型事業は比較的残っている所が多い。ただ、協働提案型事業は、行政が決めた課題、あるいはNPOが提案した課題を解決するという意味で事業活動の実施が目的となってしまった。そもそもその課題とは、本当に課題なのかなどが問われることなく進んでしまう。

　災害の話もあったが、この研究会は東日本大震災が契機となって始まった。言わば答えのない世界が被災地として目の前に現れたからこそ、お互いが対等な関係のなかで協働できる環境が生まれたと考えている。東日本大震災はまさにそうした機会であった。ただ、震災から6年、7年経っていくと、当初協働に積極的だった自治体も、元のいわゆる「行政」に戻ってしまう。災害があるから協働が進むということでは本来の姿とは言えない。ここは改めて行政との協働について考えてみたい。

喜田　町田市では、2019年度まで中間支援組織がなかったので、市職員が直接NPOに関わっていた。市民協働フェスティバルというNPO、市民活動、自治会町内会が集まるイベントも市が事務局を担っていた。良い面も悪い面もあったと思うが、その後中間支援組織ができ、行政が直接現場と関わる機会が減ってしまったかもしれない。これは、NPO支援だけでなく、行政から民間への委託・協働が進む中で他の事業でも言えること。現場を知ることが協働につながると思うので、行政、中間支援組織、NPOの協働のあり方を改めて考える必要があると感じている。

小野寺　以前は行政職員が現場もやっていたので、その中でテクニックを磨く機会があった。今、委託や補助で現場をどんどん手放していってしまっているので、その機会がなくなっている。

　NPOや中間支援側としても、世代交代が進む中で、制度や仕組みがあるのが当たり前になってしまっている。NPO法や制度を作って組織を立ち上げた世代の思いや考え方をミッションとして次の世代が継承していけるかが大事なのだと思う。

櫻井　1990年代にNPO法などの仕組みを作ってきたいわゆる第一世代の皆さんは、こうあるべきだ、という理論を多く残しているが、その後の世代、特に2010年以降の活動にはそれが弱いと感じている。各団体ごとの事業報告書は数多くあるが、

座談会の様子（左から、椎野、横田、田尻）

今の中間支援組織の皆さんが何を柱として活動を展開しているのかなど、その理念の部分はいくら文献をひっくり返しても見えてこない。当事者たちの率直な議論が不足しているのではないかと客観的に見ると感じてしまう。

横田　NPO法ができるまでは任意団体は相手にされずお金ももらえずという状況だったのが、介護保険制度はじめNPOにお金が出るようになったとたんに、NPOは取り込まれてしまったのだと感じている。行政からは安くやってくれる人たちだと認識され、それに抵抗することもなくなってしまった。適切な管理経費割合を確保したり、フルコストリカバリーを求めたりする運動もあったが、その運動に参加すると行政から干されるし、もらえるものはもらっておけばいいと考える団体もあり、運動の連帯が広がらなかった。

　その背景としては、会費や寄付といった自分たちで自由に使える財源を持っていないことがあるだろう。自由資源があれば言うべきことは言えるが、急に団体を大きくしてしまって人を雇ってしまってとなると、行政のお金がなくなると人が雇えなくなる、言いたいことがあっても言わないでおく、愚痴をいうだけでということになる。そうした声を中間支援側が束ねることもできてこなかった。むしろ中間支援が行政とくっついてお金をもらっているのではないかと勘繰られ、現場から疎まれてしまうというポジショニングになってしまっている。

櫻井　行政が変化していった結果生じた問題点の話があった。本来はそうしたことを中間支援組織が修正しコーディネートしていかなければならな

い役割であるはずだが、それができていない。この点は本質的な問題点であろうと思う。

テーマ3 地域課題（社会課題）の発掘・共有

櫻井 第1回研究会で地域ニーズとNPOの取り組みとのギャップということを取り上げた。東日本大震災の復興に関わったNPOへのアンケート調査から、団体が活動する地域が抱えている課題と、団体が解決を目指して取り組んでいる課題に一定の乖離があることが明らかになっている。

例えば、地域の課題としてはそれほど高くないと認識されている多世代間交流や子ども・子育てへの支援といった取り組みが、NPOの活動としては非常に大きな割合を占めている傾向があり、NPOが資源を獲得しやすいサービスが優先されている可能性があることが指摘されている。

地域の課題を取り上げるときに支援内容とギャップを生まないためにも大切にしていることとしてどのようなことがあるか。

小野寺 俯瞰して見ること、感情移入しないことを大切にしている。感情移入してしまうと課題でなくて対象者の感情をキャッチしてしまう。

課題は何？と地域に話を聞きに行くと、「子ども食堂が必要だ」とか「プレーパークが欲しい」とか声は出てはくるのだが、それは本当の課題ではない。本当の課題はそんな簡単な言葉で表されることではなくて、もう少し言葉に表しにくいところにある絡まった紐のようなもの。それは第一声で言われた課題を俯瞰することで見えてくる。絡まった紐をほどくようにファシリテートし、整理をするところから話し合い支援に入るのを大切にしている。

地域支援に入るときに、成果よりもそのプロセスを大事にしている。地域の人たちが自分たちで考え、このやり方がよいと感じてもらうことで、初めて自分たちでやっていこうと思う。中間支援組織が提案してしまうと、言われたからやっているとなってしまう。

喜田 大前提として市民活動は自発的でボランタリーなものなので、それぞれがやりたいことをやれば良いと思っている。自分はこの課題に取り組みたいというところからはじめることが、強い動機となり継続性につながる面もある。

その上で中間支援の立場として、この活動がこの課題のこのピースにあてはまる、といったことを調整することができればよいのではないか。例えば、地域包括支援センターの方々と8050の課題について意見交換した際に、特に8050でいう50、ひきこもっている子どもへの対応で悩んでいるという声が多かった。この時につなげる先はひきこもり支援のNPOだけでなく、本人の関心のある趣味の居場所かもしれないし、働く場かもしれない。そういった幅広い情報・選択肢を中間支援組織が持っていればつなぐことができる。

椎野 行政はおおむね5年スパンで総合計画をつくり、福祉や環境などの個別計画もある。基本的にはこれらの計画に載っていないことには予算がつかないので、行政計画と地域ニーズにはどうしても差が出てくる。NPOの主な資源は行政資源であるという文脈で考えると、地域のニーズとNPOの取り組みに差が出てくるということは理解できる。

かながわボランタリー活動推進基金21にはNPO側からの提案事業もあるが、審査会に大きな権限を持たせている。行政がやりたくないと言っても、審査会がやるべきだと言えばやるという仕組みになっている。そういう仕組みを入れておかないと行政に引きずられてしまうかもしれない。

田尻 仕組みで動いている行政には、総合計画による目標という重しがある。そもそも総合計画を作るプロセスにもストーリーがあるので、実際進めてみると地域の課題に合わない部分は出てくるが、そういう部分は無視されてしまう。地域住民から現状に即した提案がされても、総合計画に載らなければ、住民が主体となりやってくださいとなってしまう。典型的なのが厚生労働省の「我が

座談会の議論の様子

事・丸ごと」政策。これまで制度内でやってきた見守りなどの活動がいきなり住民活動でやるように政策変更され、責任も住民側に落ちてくる。消費者の当事者化という視点も大切なのだが、住民がやらされて終わってしまうリスクをどう見ていくか。自治なので、と言われてしまうと住民側は何も言えなくなってしまう。

また住民側も考えは一つではない、賛成の人もいれば反対の人もいる。こうした中での自治運営は本当に難しいと思う。沖縄の事例として紹介された円卓会議のようなやり方は、悪い言い方をすればガス抜き的な機能として本当に必要で、場に出された意見を聞けば、互いにこういう考えの人もいるんだなと思うことができるし、初めて聞く意見でもこの部分は賛同できるといった認識を得ることもできる。こうしたプロセスを丁寧にやっていかないと、まともに動く自治はできないだろう。

地域の課題は増えている一方で、時間的な制約もある。そうした制約の中で生まれる誤解やトラブルが増えてきている。そこの紐解きをしていくことに、誰かが主体となって取り組んでいくことは必要だと感じている。もしかすると、その役割こそが中間支援組織なのかもしれない。

小野寺 地域の歴史や経緯を含めてプロセスを知っている人がいないことも、様々なトラブルが出てくる一因だと思う。一関では、地域担当制を敷いて13年になるが、その間担当者をほとんど代えていない。地域側は役員交代などで、行政側も異動でどんどん人が代わっていく中で、中間支援組織側でプロセスを把握できていることは強みであると感じている。

田尻 現状、中間支援は、指定管理を含めた箱付きの人材、外に出て行かない仕事になっている。施設ができた頃は目新しいし話を聞きに行こうということもあるが、提供される情報がずっと固定化していくと、既存の団体は利用しなくなっていき、新しい法人を作りたいといった相談しか来なくなってしまう。そうすると中間支援とNPOの接点がなくなっていくので、地域内でNPOと地域をつないでいこうとしても紹介する情報もないということになってしまう。支援センターもどんどん人が代わってしまって蓄積なく相談もできないという要素もある。

こうしたことを防ぐためには、支援センターもどんどんアウトリーチ型の活動をしていかないといけないが、そこに指定管理制度との狭間が出てくる。ここをどうクリアしていくか議論が必要である。

信頼される支援センターになれるかどうか。そこには情報があるかどうか。あるべき論だけ聞かされるのではなくて、あの人に聞くと、たくさんの事例が出てくるとか、そうしたことが強みになっていく。

 これからの中間支援組織 −残された課題−

櫻井 地域社会の中に潜在化している課題は多くあるが、現状のNPO支援の枠内では解決したい課題をすでに持っている個人・団体が相談に来るので、結果として支援対象になるのは、解決すべきことと捉えられた課題に限定されてしまっているのではないか。

一方、地域支援の枠組みで考えると、何が課題なのかに気づき、住民同士が共有する段階から話し合いをスタートさせていかなければならないこともあり、この潜在化した課題を明らかにする支援の部分が、話し合い支援や地域円卓会議といった形で肉厚になっている。ここが地域支援のポイントであり、中間支援の新展開と言えるのではないか。ただ、この枠組みの中に行政などが関係していかないと、また中間支援組織への丸投げになってしまうことも心配な点である。

小野寺 地域社会に潜在化している地域課題を大事にして、きちんと向き合っていかないと課題もニーズも分からない。地域に入っていくと区長さんや自治会長さんといったリーダーと接するが、彼らもスーパーマンではないので、地域の課題を全て把握しているわけではない。本当の課題を聞こうと思ったら、サロンに顔を出したり、みんなが集まっているところに行ったりして、プレーヤーと話をしないといけない。そうした中から話し合い支援や円卓会議といった道筋が見えてくるのかなと思う。

行政との関係について、地域には行政と一緒に入るようにしている。行政から見ると、地域に入るのは中間支援にまかせてもいいと思えるのかもしれないが、本当は、行政が関わるべき領域と中

間支援が関わるべき領域がある。行政は行政として持ち帰るべきことを持ち帰って検討し、中間支援は地域が行政に向き合う一歩手前の部分を支援する役割があるので、現場には両者が入ることが大切。

ただ、現実的には、行政が中間支援にまかせすぎてしまって地域から離れてしまうこともある。そうした場合は、行政が地域に入る必要性を担当課に伝えて、一緒に現場に入るように戻してもらうようにしている。

横田 地域で外国籍の子どもの教育問題に取り組んでいると、小学校に入る前のプレスクールが必要だということが痛切に分かる。ただ、私たちがこれは地域の課題だと考えて行政に提案しても、なかなか行政側で予算がつかない。

そうしたことは他のテーマでもあると思う。現場から見ると市の教育課題であるが、その必要性が伝わっていないこともあり、普通の市民から見ると市の教育課題とは認識されない。多くの住民や学校関係者が、こういう子どもがいる以上、仕組みが必要だと考えた時に初めてみんなの課題になるが、そのプロセスをどう進めていくか。

そうした時に俯瞰して見るということは、今日の議論からも大切と感じた。例えば、アメリカには補償教育という概念があって、親の仕事の有無にかかわらず、ある一定の子どもは保育園のような場で社会性を身に付けることができ、その後のキャリアが作られていく。こうした新しい旗を立てながら、それがあると様々な子どもの問題が解決できる、と関係者や普通の市民に伝え、応援についてもらう。多くの市民の応援が得られる事業になれば、議員や市長も無視できなくなるかもしれないし、市民が教育予算に関心を持つことで、これくらい使えばできるじゃないか、という風に声があがり、行政の選択にも影響していく。

このようにNPOの活動に、市民の運動化という点をプラスアルファできれば、みんなの課題という意味での地域課題に一般化されていくのではないか。

櫻井 運動と言うと、これまでは特定の団体が、これが問題だ、これを認めてほしいという提言活動など、ある意味で周囲から閉ざされた側面もあったと思う。そうではなく、ベースにある地域社会の課題の共有を通して関係者を幅広く巻き込み

ながら動かしていく、そうしたチャンスを地域支援は持っているかもしれない。

中間支援機能を見つめなおすということで研究会を進めてきたが、この間、地域コミュニティ支援の視点から新たな中間支援機能が誕生してきていることが共有できた。そしてここに、日本の協働型社会を地域課題のところからもう一度議論しながら作り上げていく、取り戻していくチャンスがあると感じた。このことは大きな成果であったと考えている。

私自身は中間支援の当事者ではなく、これまでも第三者的な関わりをしてきているが、そこで感じるのは中間支援の世界だけ言葉が違う、閉ざされた世界になってしまっているということ。広く社会に対して誰かが通訳しなければならないし、それは大学人の役割なのかもしれないが、中間支援を専門としている研究者は非常に少ないことも事実である。単に中間支援組織の活動の記録や事業報告書に留まらず、その支援機能にどのような意味があるのかといった分析や、中間支援側の課題を俯瞰した議論がもっと必要であると感じる。今後、こうしたことに関する開かれた議論が、日本の協働型社会を再構築していく上でも不可欠なのではないか。この研究会自体が、そうした場の出発点の一つになっていければと考えている。

研究会の目的

　各地の中間支援組織による持続可能な地域社会形成に向けた支援活動や、東日本大震災からの復興事業を契機とした中間支援組織ネットワークによる人材育成手法といった、NPOへの支援あるいは拠点施設運営だけでない、地域の人材育成や住民自治の醸成を含むコミュニティ形成などの支援機能とそのプロセスを検証することで、持続可能な地域社会の実現へのスキームとしての中間支援・仲介機能＝ひと・地域に寄り添う社会的な仕組みを見出すことを目的とする。

助成

　公益財団法人トヨタ財団　2022年度イニシアティブプログラム助成事業

研究会開催経緯

＜第1回＞

　　日時：2023年4月3日（月）15：30〜17：30
　　場所：TKP市ヶ谷カンファレンスセンター　ミーティングルーム4F
　　内容：開催趣旨・問題提起　櫻井　常矢（高崎経済大学 地域政策学部）
　　　　　事例報告
　　　　　　鍋嶋　洋子（認定NPO法人ちば市民活動・市民事業サポートクラブ）
　　　　　　畠山　順子（NPO法人あきたパートナーシップ）
　　　　　コメンテーター
　　　　　　石原　達也（NPO法人岡山NPOセンター）
　　　　　　小野寺　浩樹（いちのせき市民活動センター）

＜第2回＞

　　日時：2023年5月15日（月）15：30〜18：00
　　場所：ハッシュタグ岡山　シェアスペースBC
　　内容：**事例報告**
　　　　　　石原　達也（NPO法人岡山NPOセンター）
　　　　　コメンテーター
　　　　　　宮道　喜一（NPO法人まちなか研究所わくわく）
　　　　　　横田　能洋（認定NPO法人茨城NPOセンター・コモンズ）
　　　　　ディスカッション
　　　　　　持続可能な地域社会を育む中間支援とは　―NPO支援と"まちの支援"―

＜第3回＞

　　日時：2023年6月26日（月）15：30〜18：00
　　場所：いちのせき市民活動センター　会議室
　　内容：**事例報告**
　　　　　　小野寺　浩樹（いちのせき市民活動センター）
　　　　　　佐々木　牧恵（　　　　　同　　　　　　　）

コメンテーター
　　八嶋　英樹　（NPO法人 秋田県南NPOセンター）
ディスカッション

＜第4回＞
日時：2023年7月10日（月）15：30 ～ 18：00
場所：TKP東京駅カンファレンスセンター　カンファレンスルーム2B
内容：全体討議　―これまでの議論を踏まえて―
　　（1）中間支援機能について
　　　　①地域課題の顕在化・共有／②多様な人びとの参加
　　（2）中間支援組織間のネットワーク

＜第5回＞
日時：2023年10月24日（火）15：30 ～ 18：00
場所：TKP東京駅カンファレンスセンター　カンファレンスルーム2B
内容：座談会　日本の中間支援・これまでとこれから
　　パネリスト
　　　　小野寺　浩樹（いちのせき市民活動センター）
　　　　喜田　亮子（一般財団法人町田市地域活動サポートオフィス）
　　　　椎野　修平（認定NPO法人日本NPOセンター／元・神奈川県庁）
　　　　田尻　佳史（認定NPO法人日本NPOセンター）
　　　　横田　能洋（認定NPO法人茨城NPOセンター・コモンズ）
　　コーディネーター
　　　　櫻井　常矢（高崎経済大学地域政策学部）

研究会　参加者一覧（登壇者を含む・敬称略）

代表　櫻井　常矢（高崎経済大学地域政策学部　教授）

研究会メンバー（パネリスト参加を含む）
　　佐藤　伸博（ハッピーライフケア本舗・北海道）
　　小野寺　浩樹（いちのせき市民活動センター・岩手）
　　谷津　智里／沖澤　鈴夏（MICHINOKUやおよろず・宮城）
　　青木　ユカリ（NPO法人せんだい・みやぎNPOセンター・宮城）
　　畠山　順子（NPO法人あきたパートナーシップ・秋田）
　　八嶋　英樹（NPO法人秋田県南NPOセンター・秋田）
　　結城　健司（復興ボランティア支援センターやまがた／
　　　　　　　　　NPO法人山形の公益活動を応援する会・アミル・山形）
　　石山　由美子／阿部　眞理子（NPO法人市民社会サポートやまがた・山形）
　　古山　郁／松田　英明（認定NPO法人市民公益活動パートナーズ・福島）
　　横田　能洋（認定NPO法人茨城NPOセンター・コモンズ・茨城）
　　喜田　亮子（一般財団法人町田市地域活動サポートオフィス・東京）
　　鍋嶋　洋子／石井　悠子（認定NPO法人ちば市民活動・市民事業サポートクラブ・千葉）
　　椎野　修平（認定NPO法人日本NPOセンター／元・神奈川県庁・神奈川）
　　石原　達也（NPO法人岡山NPOセンター・岡山）
　　彌永　恵理（NPO法人つなぎｔｅおおむた・福岡）
　　宮道　喜一（NPO法人まちなか研究所わくわく・沖縄）

アドバイザー
　　田尻　佳史（認定NPO法人日本NPOセンター常務理事）

ヒアリング等に協力いただいた団体
　　NPO法人いわてNPOフォーラム21（岩手）
　　認定NPO法人藤沢市民活動推進機構（神奈川）
　　公益財団法人ひょうごコミュニティ財団（兵庫）

オブザーバー参加機関・団体
　　総務省地域力創造グループ地域振興室
　　公益財団法人トヨタ財団　国内助成グループ
　　NPO法人いわて連携復興センター（岩手）
　　NPO法人シミンズシーズ（兵庫）
　　NPO法人わがこと（香川）

事務局
　　一般社団法人東北圏地域づくりコンソーシアム

【編著者】

櫻井 常矢 (さくらい・つねや) ················[はじめに／1章／3-5章／15-16章]

高崎経済大学地域政策学部教授。同学部准教授を経て2013年より現職。東北大学大学院
教育学研究科後期博士課程修了。博士（教育学）。専門は社会教育学・地域づくり・非営
利組織の教育力。現在、総務省地域力創造アドバイザー、総務省地域運営組織に関する研
究会委員等を務める。

【執筆者】掲載順

田尻 佳史 (たじり・よしふみ) ·····································[2章]
認定NPO法人日本NPOセンター常務理事

鍋嶋 洋子 (なべしま・ようこ) ·····································[6章]
認定NPO法人ちば市民活動・市民事業サポートクラブ専務理事・事務局長

畠山 順子 (はたけやま・じゅんこ) ·································[7章]
NPO法人あきたパートナーシップ理事長

彌永 恵理 (いやなが・えり) ·····································[8章]
NPO法人つなぎteおおむた理事長

髙田 篤 (たかだ・あつし) ···················[9章／巻末座談会構成]
一般社団法人東北圏地域づくりコンソーシアム事務局長

横田 能洋 (よこた・よしひろ) ·····································[10章]
認定NPO法人茨城NPOセンター・コモンズ代表理事

宮道 喜一 (みやじ・きいち) ·····································[11章]
NPO法人まちなか研究所わくわく副代表理事・事務局長

手塚 明美 (てづか・あけみ) ·····································[12章]
認定NPO法人藤沢市民活動推進機構理事長

石原 達也 (いしはら・たつや) ·····································[13章]
NPO法人岡山NPOセンター代表理事

小野寺 浩樹 (おのでら・ひろき) ·································[14章]
いちのせき市民活動センター センター長

地域コミュニティ支援が拓く協働型社会

地方から発信する中間支援の新展開

2024 年 3 月 10 日　第 1 版第 1 刷発行

編著者 .... 櫻井 常矢

発行者 .... 井口 夏実

発行所 .... 株式会社学芸出版社
　　　　　　　　京都市下京区木津屋橋通西洞院東入
　　　　　　　　電話 075-343-0811　〒 600-8216
　　　　　　　　http://www.gakugei-pub.jp
　　　　　　　　Email　info@gakugei-pub.jp

編集担当 .... 岩﨑 健一郎、越智 和子

装　　丁 .... テンテツキ　金子 英夫
Ｄ Ｔ Ｐ .... （株）フルハウス
印　　刷 .... イチダ写真製版
製　　本 .... 新生製本

公益財団法人トヨタ財団
2022年度イニシアティブプログラム助成事業

＊本書の関連情報を掲載しています。
https://book.gakugei-pub.co.jp/gakugei-book/9784761528836/

地域自治のしくみづくり　実践ハンドブック

中川幾郎　編著／相川康子・阿部昌樹・直田春夫・三浦哲司・田中逸郎・馬袋真紀・
飯室裕文・板持周治・松田泰郎　著
A5判・208頁・本体2500円＋税

自治会など地縁型の組織とNPOなどテーマ型の組織が補完しあう「地域自治」のしくみが広
がっている。民主性と開放性のある新しい地域社会はどうすれば実現できるのか？この動きを
リードしてきた著者らが、理論的背景と行政・地域におけるしくみづくりの方法、各地の事例
を紹介。「地域自治のしくみづくりQ＆A」も収録。

世界に学ぶ地域自治　コミュニティ再生のしくみと実践

大内 田鶴子・鯵坂 学・玉野 和志 編著／廣田 有里・齊藤 麻人・小内 純子・太田 尚孝・
中田 晋自・荒木 千晴・細淵 倫子・陸 麗君・内田 和浩 著
A5判・256頁・本体2500円＋税

災害や高齢化等の地域課題に対応する主体として地域自治組織への期待が高まっている。家
族・社会・経済状況の変化や移民の流入などによって多様化する地域をどう再編し、安定的・
開放的な地域自治組織をどうつくるか。世界各国の事例から、日本における地域コミュニティ
づくりの可能性とヒントを探る。

世界に学ぶミニ・パブリックス
くじ引きと熟議による民主主義のつくりかた

OECD（経済協力開発機構）Open Government Unit　著
日本ミニ・パブリックス研究フォーラム 坂野達郎・篠藤明徳・田村哲樹・長野基・三上直之・
前田洋枝・坂井亮太・竹内彩乃　訳
A5判・240頁・本体2700円＋税

代議制民主主義の限界が露呈するなか、無作為抽出による少人数グループが十分な専門的情
報を得て熟議を行い、提言を策定して公共政策の検討過程へ反映させるミニ・パブリックスと
呼ばれる取組みが拡大している。世界289事例の分析をふまえ、成功のための原則、既存
の制度に熟議を埋め込む方法をまとめた初の活用ガイドライン。

公共施設のしまいかた　まちづくりのための自治体資産戦略

堤洋樹 編著／小松幸夫・池澤龍三・讃岐亮・寺沢弘樹・恒川淳基 著
A5判・192頁・本体2300円＋税

人口減少と財政難の時代を迎え、もはや自治体も住民も「老いる公共施設」の問題からは逃
げられない！一方的な総量削減ではなく、自治体と住民の協働による削減・整理・再活用で
非効率な公共支出を減らし、公共サービスの質の向上もしくは必要最低限の継続を実現し地
域の価値を上げる、縮充社会の公共資産づくりマニュアル。

社会的処方　孤立という病を地域のつながりで治す方法

西智弘 編著／西上ありさ・出野紀子・石井麗子 共編　藤岡聡子・横山太郎・守本陽一・
森田洋之・井階友貴・村尾剛志 著
四六判・224頁・本体2000円＋税

認知症・鬱病・運動不足による各種疾患…。医療をめぐるさまざまな問題の最上流には近年
深まる「社会的孤立」がある。従来の医療の枠組みでは対処が難しい問題に対し、薬ではなく
「地域での人のつながり」を処方する「社会的処方」。制度として導入したイギリスの事例と、
日本各地で始まったしくみづくりの取り組みを紹介。

みんなの社会的処方
人のつながりで元気になれる地域をつくる

西智弘 編著／岩瀬翔・西上ありさ・守本陽一・稲庭彩和子・石井麗子・藤岡聡子・福島沙紀 著
四六判・256頁・本体2000円＋税

孤立という病に対し薬ではなく地域の人のつながりを処方する「社会的処方」。日本での実践
はまだ始まったばかりだ。いま孤立しているかどうかや、病気や障害の有無、年齢に関わらず、
「誰もが暮らしているだけで自分の生き方を実現できるまち」をどうつくるか。世界と日本の取
り組みに学び、これからのビジョンを示す一冊なのか？地方都市で少しずつ作られている魅力
的な拠点や計画を紹介し、市民の拠り所をどこにどう作るのか、その方法を提案する。